新能源汽车（图解版）职业教育系列教材

新能源汽车构造与检修

主　编　王　东　邓成杰
副主编　崔金平　王　强
参　编　刘玉洲　孙建民

北京理工大学出版社
BEIJING INSTITUTE OF TECHNOLOGY PRESS

内 容 简 介

本书主要介绍新能源汽车构造与检修的相关知识，比较系统地介绍新能源汽车各种部件的结构、工作原理与检修方法，方便学生掌握所学的知识与技能。通过课程教学和技能实训，可使学生理解新能源汽车的构造、工作原理及结构特点，基本具备新能源汽车检修的技能。

本书图文并茂、通俗易懂，可作为中等职业学校新能源汽车维护与检修等专业的教学用书，也可作为新能源汽车检测、维修技术人员的参考用书。

版权专有　侵权必究

图书在版编目（CIP）数据

新能源汽车构造与检修 / 王东，邓成杰主编 . —北京：北京理工大学出版社，2019.12（2022.8 重印）

ISBN 978-7-5682-7953-4

Ⅰ．①新… Ⅱ．①王…②邓… Ⅲ．①新能源–汽车–构造–高等职业教育–教材②新能源–汽车–车辆修理–高等职业教育–教材 Ⅳ．① U469.7

中国版本图书馆 CIP 数据核字（2019）第 275244 号

出版发行 / 北京理工大学出版社有限责任公司
社　　址 / 北京市海淀区中关村南大街5号
邮　　编 / 100081
电　　话 /（010）68914775（总编室）
　　　　　（010）82562903（教材售后服务热线）
　　　　　（010）68944723（其他图书服务热线）
网　　址 / http://www.bitpress.com.cn
经　　销 / 全国各地新华书店
印　　刷 / 北京佳创奇点彩色印刷有限公司
开　　本 / 787毫米 × 1092毫米　1/16
印　　张 / 12.5　　　　　　　　　　　　　　　　　　　　　　责任编辑 / 陆世立
字　　数 / 310千字　　　　　　　　　　　　　　　　　　　　文案编辑 / 陆世立
版　　次 / 2019年12月第1版　2022年8月第2次印刷　　　责任校对 / 周瑞红
定　　价 / 44.00元　　　　　　　　　　　　　　　　　　　　责任印制 / 边心超

图书出现印装质量问题，请拨打售后服务热线，本社负责调换

前言

新能源汽车作为国家的战略性新兴产业,伴随着国家政策和资金的大力扶持,得到了快速的发展。目前,潜力巨大的新能源汽车市场已经形成,因此人才市场也产生了对新能源汽车技术人员的大量需求。

新能源汽车技术对于职业教育来说是一个全新的领域,为满足新能源汽车市场对新能源汽车人才的需求及职业院校新能源汽车专业的教学要求,突出职业教育的特点,特编写本书。

本书的编写,紧紧围绕职业工作的需要,以就业为导向,以技能训练为中心,以校企合作为背景,以"更加实用、更加科学、更加新颖"为编写原则,旨在探索课堂与实训的一体化。

本书根据新能源汽车运用与维修专业技术要求和岗位任职要求,以国家相关职业标准为基本依据,摒弃"繁难偏旧"的内容;在结构安排方面,突出学生能力的培养,不仅注重知识体系的完整性,更加注重学生职业能力的培养,有较强的岗位针对性和实用性;配有丰富的插图,通俗易懂,使新能源汽车各部件的构造、检测和维修保养一目了然。

本书内容紧贴实际工作岗位的具体需要,全书共分七章,主要内容包括绪论、新能源汽车整体结构、动力电池及电池管理系统、驱动电机及电机控制器、整车控制系统、辅助系统、新能源汽车维护与检修。本书具有以下特色:

1. 按照学生的认知规律设计,让学生在不断积累理论知识的同时,逐步完成从入门到能排除简单的故障的过程,实现学生职业心理角色的转换。

2. 以企业需求为依据,以就业为导向,以培养高素质技能型人才为根本任务,重点介绍新能源汽车领域的新知识、新技术、新工艺和新方法,使学生更多地了解或掌握最新技术的发展及相关技能。

3. 以学生为主体,以培养学生的专业能力为主线组织教学内容。

本课程的建议学时数为64学时,各学校可根据实际情况安排学时。参考学时如下:

章节	内容	参考学时
1	绪论	2
2	新能源汽车整体结构	10
3	动力电池及电池管理系统	10
4	驱动电机及电机控制器	10
5	整车控制系统	10
6	辅助系统	10
7	新能源汽车维护与检修	12
合计		64

由于编者水平有限,书中不妥之处在所难免,恳请广大读者批评指正。

目录

1 第一章 绪　论…………………………………………………… 1
　　第一节　新能源汽车的发展……………………………………… 1
　　第二节　新能源汽车的分类……………………………………… 9

2 第二章 新能源汽车整体结构…………………………………… 17
　　第一节　纯电动汽车总体结构…………………………………… 17
　　第二节　混合动力汽车总体构造………………………………… 26
　　第三节　增程式电动汽车总体构造……………………………… 40
　　第四节　燃料电池汽车总体构造………………………………… 44

3 第三章 动力电池及电池管理系统……………………………… 47
　　第一节　动力电池概述…………………………………………… 47
　　第二节　动力电池的分类………………………………………… 51
　　第三节　动力电池的结构………………………………………… 62
　　第四节　电池管理系统…………………………………………… 69

4 第四章 驱动电机及电机控制器………………………………… 77
　　第一节　驱动电机概述…………………………………………… 77
　　第二节　典型驱动电机介绍……………………………………… 82
　　第三节　电机控制器……………………………………………… 90

5 第五章　整车控制系统 ········· 102

第一节　整车控制器概述 ········· 102
第二节　整车控制器的工作模式测试 ········· 117
第三节　整车通信 ········· 133

6 第六章　辅助系统 ········· 139

第一节　空调制冷系统 ········· 139
第二节　空调暖风系统 ········· 149
第三节　电动助力转向系统 ········· 154
第四节　制动系统 ········· 160

7 第七章　新能源汽车维护与检修 ········· 163

第一节　动力电池充电、维护与保养 ········· 163
第二节　驱动系统维护与保养 ········· 172
第三节　空调系统维护与保养 ········· 180
第四节　车辆充电异常故障诊断与排除 ········· 185
第五节　动力电池异常断开故障诊断与排除 ········· 190

第一章 绪论

新能源汽车的发展

汽车产业是国民经济的重要支柱产业，在国民经济和社会发展中发挥着重要作用。随着我国经济持续快速发展和城镇化进程加速推进，今后较长一段时期汽车需求量仍将保持增长势头。在当前环境保护及能源枯竭压力下，新能源汽车异军突起，将是以后汽车的发展方向。发展新能源汽车是降低汽车燃料消耗量、缓解燃油供求矛盾、减少尾气排放、改善大气环境、促进汽车产业技术进步和优化升级的重要举措。

1.1 新能源汽车的定义

依照中华人民共和国工业和信息化部 2009 年 6 月 17 日发布的《新能源汽车生产企业及产品准入管理规则》，新能源汽车是指采用非常规的车用燃料作为动力来源（或使用常规的车用燃料、采用新型车载动力装置），综合车辆的动力控制和驱动方面的先进技术，形成的技术原理先进、具有新技术、新结构的汽车。新能源汽车包括混合动力汽车、纯电动汽车（BEV，包括太阳能汽车）、燃料电池电动汽车（FCEV）、氢动力汽车、其他新能源（如高效储能器、二甲醚）汽车等各类别产品。

1.2 世界新能源汽车的发展

1. 电动汽车的诞生

意大利物理学家伏特在1800年发明了铜锌电池，英国物理学家法拉第在1831年发现了电磁感应现象，1835年伦敦展出了一个小的电动发动机。以上发明为电动汽车诞生提供了基础。1873年，英国人罗伯特·戴维森在马车的基础上制造出电动三轮车，使用的动力装置是一次铁锌电池。该车不能充电，并没有列入国际的确认范围。

1859年，法国人普兰特发明了铅酸电池，铅酸电池的出现对人类文明的进步起到了至关重要的推动作用——它是二次电池，即可充电可放电，因此人类使用能源，尤其是电能的方式有了质的突破。1881年，法国工程师古斯塔夫·特鲁夫发明了世界上第一辆电动三轮车，这是一辆用铅酸电池作为动力的三轮车，如图1-1所示。

1881年，法国的G.Trouve就基于普兰特发明的铅酸电池发明了第一辆可充电的电动汽车，这个车型是三轮车，采用两个西门子公司的电动发动机，车重是160kg，速度可以达到12km/h。而在1882年，英国的William Ayrton发明了性能更优的铅酸电池驱动的电动汽车，储电量大约1.5kW·h，最大续航里程40km。

1890年，在美国艾奥瓦州诞生了美国第一辆蓄电池汽车，速度达到23km/h，是当时汽车速度的世界纪录，如图1-2所示。

图1-1 世界上第一辆电动三轮车

图1-2 美国第一辆蓄电池汽车

从20世纪初到1915年，美国的电动汽车年产量5000辆，保有量达到5万辆。从20世纪20年代初，蒸汽汽车占40%，电动汽车占38%，内燃机汽车只占22%，可见这是电动汽车的第一个黄金时代。

2. 电动汽车的缓慢发展

1885年，卡尔本茨发明了第一辆燃油汽车，伺服燃油汽车技术在不断进步，和电动汽车的竞争也在不断继续。在燃油汽车方面逐渐发展出了自动起动器、消声器等设备,这些发明极大地提高了燃油汽车的舒适度。在接下来的几年中,燃油汽车技术进步很快,成本下降也快。这个阶段出现了油-电混合车型。而在一次世界大战中,燃油汽车开始了大规模使用,而且其性能稳定。最主要的原因是燃油汽车因为化石燃料先天的高能量密度带来的续航上的竞争力,这也是现在电动汽车一直被诟病的核心原因。在此过程中,电动汽车并没有取得多少技术方面的进展,成本高,因此市场规模不断萎缩。20世纪20年代,电动汽车生产厂商要么破产,要么开始转过头来做燃油汽车。电动汽车行业开始凋零。

燃油汽车得到大力发展,在全世界广泛应用,电动汽车逐渐淡出了舞台。在这个阶段,燃油汽车技术不断发展、完善,世界石油供应充足,人们不关心环保,电池等新能源技术也没有取得明显进步。在这个阶段,汽车几乎完全是以燃油汽车为主了。

3. 电动汽车新的发展机遇

20世纪70年代的石油危机,使得电动汽车迎来了自己的第二个黄金时代。由于环境污染和石油危机,人们对电动汽车重新重视起来。20世纪70年代,一家美国公司推出了CitiCar车型,如图1-3所示。这一款电动车最高速度达到71km/h,续航里程69km,成为当时美国电动汽车的销售冠军。

通用公司1996年推出通用EV1,如图1-4所示。该车采用双门两座的设计,低风阻的流动造型别具一格,内饰设计类似战斗机驾驶舱,即使放在现在也有着科幻既视感。

图1-3 CitiCar

图1-4 通用EV1

通用EV1是一款由电气工程师团队完全按照电动车需求而打造的全新车型,是世界上第一辆现代化电动汽车。该车共有两代车型,第一代为铅酸电池版,续航里程80~120km,共660台;第二代为镍氢电池版,在动力上有所提升,最大功率137kW,峰值转矩150N·m。0~100km/h加速时间为8s左右,最高车速被限制在128km/h,续航里程达到了120~208km。第二代EV1不仅可以使用常规的插头充电,而且可以使用无线感应式充电。

当时丰田公司推出了RAV4 EV。1997年,丰田公司正式推出普锐斯车型,如图1-5所示。

普锐斯车型在2000年面向全球投产。从

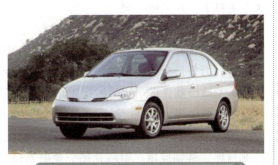

图1-5 第一代普锐斯

1997年到2018年，丰田公司共推出4代普锐斯车型，累计销量超过1000万辆。

1999年，通用公司突然决定终止EV1项目，并要求收回所有EV1汽车并进行销毁处理。通用EV1的部分工程师们心有不甘，并相信电动汽车在未来会有很大的影响力，于是便成立了一家汽车公司。工程师马丁·艾伯哈德要求放弃原来的铅酸电池，使用笔记本电脑同款的18650电池，大量的电池组合在一起，使得车辆的续航里程达到了480km。随后在2003年，特斯拉汽车公司（TESLA）宣布成立，并将总部设在硅谷，基于IT理念造车。

2008年，特斯拉公司推出Roadster双座电动跑车，这是世界上第一款大规模量产的电动跑车，如图1-6所示；2012年，特拉斯公司推出ModelS，如图1-7所示，带动全球电动汽车高速发展。

图1-6　Roadster双座电动跑车

图1-7　ModelS

1.3　中国新能源汽车的现状

1. 中国新能源汽车发展历程

中国新能源汽车产业始于21世纪初，2001年新能源汽车研究项目被列入国家"十一五"的"863"重大科技课题，并规划了以汽油车为起点，向氢动力车目标挺近的战略。"十一五"以来，我国提出"节能和新能源汽车"战略，政府高度关注新能源汽车的研发和产业化。

大约从2007年开始，新能源汽车在国内迎来了较快的发展。2007年，《新能源汽车生产准入管理规则》出台，多款新能源汽车被批准量产，并很快获得了一次世界级的展示机会。2008年，在北京国际车展上，新能源汽车技术再次成为跨国车企和自主品牌展示重点。差不多同一时间，国家发展和改革委员会在新车公告中一次性批准了7款新能源汽车的生产，给广大车企打了一针"强心剂"。

2009年1月，我国开始启动新能源汽车"十城千辆"的推广工程，计划通过提供财政补贴形式，用3年左右的时间，每年发展10个城市，每个城市推出1000辆新能源汽车开展示范运行，力争使全国新能源汽车的运营规模到2012年占到汽车市场份额的10%。之后，国家又将示范城市数目进一步增加到25个。虽然这次投入力度很大，但最终的效果并不是很理想，暴露的问题很多，于是市场渐渐趋于冷静，但投入依旧没有终止。

2012年，国务院印发《节能与新能源汽车产业发展规划（2012—2020）》，对技术路径、产业目标、基础设施、财政补贴、金融支持等进行了系统的规划。2013年，财政部等颁布了《关于继续开展新能源汽车推广应用工作的通知》，对2013—2015年的新能源汽车补贴标准进行调整,一场由中央联合地方的财政补贴也很快到位,并不断加码,这直接导致了2014—2015年我国新能源汽车的爆发式发展,尤其是物流车和客车,贡献了非常大的市场份额。

2014年,国内多数主机厂开始加大新能源领域的研发和市场投入,陆续成立独立的新能源公司。同时资本市场也投资这一热门行业,多家互联网造车公司成立,一时间,市场上的新能源汽车企业超过了200家。

到2015年,中国新能源汽车产量已经达到了37.9万辆,销售33.1万辆,成为全球最大的新能源汽车产销市场。之后,在相关政策的推动下,中国新能源市场进一步爆发。

2015年,财政部发布了《关于2016到2020年新能源汽车推广应用财政支持政策的通知》,指出将在2016—2020年继续实施新能源汽车推广应用补助政策,相比2013—2015年的新能源车补贴政策,纯电动和纯电动的补贴减少0.5万元。

此外,2017—2020年,除燃料电池汽车外,其他车型补助标准适当退坡,其中:2017—2018年补助标准在2016年基础上下降20%,2019—2020年补助标准在2016年基础上下降40%。新能源补贴逐步退坡给新能源汽车发展带来了不小的冲击。

在2016年和2017年,我国新能源汽车销售量分别达到50.7万辆和77.7万辆,连续三年居全球第一,增速均超过50%。虽然接下来随着补贴的退坡、双积分政策的实施,加之技术、市场方面的成熟度欠缺,新能源汽车会再次进入一个冷静期,但长远来看,新能源汽车一定是未来的大趋势,还将迎来更大的爆发。

2. 中国新能源车企现状

(1) 传统车企

传统车企是中国最早进入新能源汽车领域的企业,其中以比亚迪、吉利、北汽、奇瑞等中国企业最为典型。为了能够更加专注于新能源领域,北汽、奇瑞等企业专门成立独立公司申请资质,从事新能源汽车的研发生产。由于布局时间较早,比亚迪、北汽等新能源汽车企业已经积累了一定的市场规模,其中比亚迪公司已经连续3年蝉联全球新能源汽车销量冠军,北汽公司在2017年也实现了产销量均破10万辆。

而布局较晚者如长安、长城、一汽等企业则面临着巨大的"双积分"压力,不过这些企业也在快速寻求转变。在后发力的企业中,长安公司的转变最为明显,2017年大力投放新能源车型,销量近3万辆,同比增幅近5倍,当年一举摘掉了"油耗负分大户"的帽子。长安公司还宣布2025年将禁售传统燃油车,成为国内首个将"禁售传统燃油车"提上议程的车企。另一个"双积分"困难户长城公司则选择联合方式加强新能源布局,前后牵手河北御捷、宝马等车企。

(2) 新造车势力

如威马汽车、云度新能源等,为传统车企高管再创业企业,这些企业对于汽车全产业链制造流程烂熟于心;或如前途汽车、长江汽车等,由汽车相关企业转型而成,在零部件等制作、设计上成熟度较高;或如蔚来汽车、车和家等,其创始人具有成功的互联网创业经历或者担任过大公司高管,更贴近用户、注重体验。

这些企业目前陆陆续续从概念阶段进入实车生产阶段,它们是资本进入最集中、最积极的部分。据不完全统计,国内 10 家较出名的新造车企融资金额已近 700 亿元,未来的一到两年是这些车企新车发布密集期,也是企业发展的关键期。或许这些企业中会出现下一个"吉利",抑或是中国版"特斯拉"。

除了车企,在智能化、电动化与共享化潮流之下,互联网企业(如百度、阿里、腾讯等)也在积极布局新能源汽车领域,它们一边采用直接投资孵化的方式,一边则与各大车企合作将自家智能网联等系统与汽车紧密联系,以便获得更多的数据,占领未来出行制高点。

(3)外资品牌

由于此前布局不足,随着"双积分"政策的逼近,以及新能源汽车大潮的来袭,外资品牌加紧在中国新能源领域布局。一方面不断推出新能源领域战略,打造电动化专属平台,另一方面加速与中国品牌展开合作,新一轮合资潮到来。

合资潮的形成很大程度得益于政府对新能源汽车领域投资管制的开放。目前中国已经开放新能源汽车领域的合资车企数量限制。根据 2017 年修订版《外商投资产业指导目录》,外资企业与中方合资伙伴联合兼并国内其他汽车生产企业,以及建立生产纯电动车整车产品的合资企业,可不受两家名额的限制。

可以看到,当前无论是自主品牌还是跨国车企,它们都在纷纷扩大对新能源汽车的投资和生产。尤其是进入 2018 年以后,日产、丰田、大众等跨国车企先后宣布了各自的在华新能源车计划,不少跨国车企开始陆续在中国市场推出纯电、插电混动车型,中外车企对新能源汽车市场的争夺日益激烈,市场正逐步进入一个新的发展阶段。

近年来中国新能源汽车产业取得了积极的进展,总体来看产业发展已经从培育期进入增长期,在全球范围内形成了一定的先发优势:政策体系不断完备,新能源汽车产业规模全球领先,新能源汽车技术水平显著提升,产业链内的企业实力明显增强,相关的配套环境与设施日益优化。

3. 产品发展现状

无论车企如何变化,最终消费者是否买单还取决于产品本身。在新能源汽车发展的数十年里,不同应用领域的车型也在不断发生变化,主要呈现以下五大趋势:

1)从商用到乘用,新车型大量上市。新能源汽车最早以客车为主,主要应用在商用领域和公共领域。随着私人消费大门的打开,产业重心转向乘用车,新产品也层出不穷。相比几年前只有少数几款车可以选择,现在一年上市的新车已有数十款,品类日益丰富,覆盖车型从微型到中大型轿车,还有 SUV、MPV 等。

2)纯电动汽车一直占主体。具体从细分技术领域来看,纯电动汽车依然是市场主要的增长主力,以 2017 年为例,纯电动汽车占据 83.9% 的市场份额,来源于中国以纯电动为主的新能源汽车产业政策发展路径。插电式混合动力汽车相对而言增长不算惊人,它的消费群体主要为个人,可以说是私人市场的较早开拓者;燃料电池车型也从试验室研发阶段迈入商业化推广阶段,产量由个位数增长至 2016 年超百辆,已有产品开始运行使用。

3)从改款车到重新开发平台。最早一批新能源汽车大多数是在燃油车平台上改款而来的,越来越多的车企启动平台化战略,与在传统车平台上开发新能源汽车受到种种限制不同,在全新平台开发的新能源产品将更具竞争力，也更强调贴合用户需求。

4）性价比大幅提升。从车辆性能来看，无论是续航还是整车质感都有了明显的提升。在2013年，一款续航里程仅150km的小型纯电动车补贴后售价约14万元，到2018年同级别的纯电动车续航里程翻一倍，但售价已降到8万元左右。根据目前车企发布的车型来看，续航里程超400km的产品价格在10万元左右。随着电池能量密度的提升，整车将进一步轻量化、低风阻化，主流纯电动车型续航里程将继续提升，以极大缓解用户的焦虑。

5）与智能网联技术的结合更紧密。由于电动车由三电系统主导，更容易被操控，新能源汽车被认为是自动驾驶最佳载体。随着智能网联技术的推进，越来越多的车型搭载自动驾驶技术。目前各大互联网巨头都找到了与其合作车企，如长城公司牵手百度公司，上汽公司牵手阿里公司，长安公司牵手腾讯公司……其中上汽公司与阿里公司合作的斑马系统已经运用在上汽公司多款新能源车型中。未来智能大屏、联网互动、自动泊车等或将成为每一款新能源汽车的标配。

与车型进步相匹配的新能源汽车配套环境也在不断改善，这里以充电桩产业最为典型。2014年5月，国家电网有限公司宣布，将引入社会资本参与分布式电源并网工程、电动车充换电站设施建设。这是"电老大"首次向社会资本开放，此前全国充电桩皆为国家电网有限公司建设。随之而来的是充电桩数量的大幅增加。在2010年年初，我国充电桩数量为1 000个左右。到2013年，数量突破2万个。根据《电动汽车充电基础设施发展指南（2015—2020年）》，2020年全国电动公交车和乘用车将超过430万台，2015—2020年规划新增分散式公共充电桩50万个。

目前国内充电桩建设的主体主要有国家电网有限公司、电动车厂商、第三方服务商、车主个人。国家电网有限公司是依托高速公路布局的充电网络及公共基础充电设施建设充电桩的；电动车企业和第三方服务商重点在景区、商铺、写字楼等人口流动较大的地方建设充电桩；有条件的车主个人也会在自家车库安装充电桩。

从整个充电服务运营的角色看，根据功能分，充电桩产业链从建设到运营涉及充电设备制造商、充电建设运营商及整体解决方案商，目前来看，国内充电产业链上的这几类业者往往身份重合且同时涉足多个功能领域。与此同时，高德、百度地图等也增加了充电桩找寻功能。通过手机，用户不仅能够查找充电桩位置及动态，而且能直接支付。

除了简单嫁接的增值服务外，汽车工业大数据算是行业内最值得期待的领域。作为车联网、智能电网的"入口"，充电桩在未来智慧城市、智能小区建设中亦可发挥数据采集与分析、资源优化配置等重要作用，具备广阔的发展前景与商业模式创新空间。在互联网的加持下，充电网、车联网融为一体，充电桩将成为一个充满无限可能的接口。运营商通过充电桩连接车、人、能源，各种数据通过分析将延伸出更多商业模式，人们的出行、使用也将更加便捷。

中国新能源汽车经历了从无到有再变强的阶段，随着电动化、智能化、共享化趋势的加快，汽车产业迎来了有史以来最大的一场变革。电动车的爆发式增长可能在未来，而它的基础就是电动车性价比要达到，甚至超过燃油车。汽车动力技术的革命已经到来，企业不适时转型就会有被颠覆的风险。

而改变未来出行有赖于互联网加新能源汽车。电动化仅仅是汽车变革基础性的第一步，接下来必须使电动化和智能化、网联化、共享化深入融合，快步进入2.0阶段，只有这样才能释放电动汽车造福人民的潜能，走进智能网联新时代。

1.4 新能源汽车的优点

1. 新能源汽车更环保

新能源汽车采用的主要是非燃油动力装置，不需要燃烧汽油、柴油等，而是采用清洁能源，如电力、太阳能、氢气等，从而减少了二氧化碳等气体的排放，达到保护环境的目的。

2. 经济性好

燃油汽车的油费大概为 0.6~0.8 元/km，但是使用电只需要 0.2 元/km。另外，电机的结构非常简单且不易坏，不需要频繁保养。

3. 出行方便

新能源汽车不用限号出行。因为环境污染严重，为了减轻环境压力，很多城市采用汽车限号的方式，限制私家车的出行。新能源汽车几乎是"零污染""零排放"，所以不在限号范围内，更方便人们的日常出行。

4. 更安全、稳定

新能源汽车相对来说动力较小，最高行驶速度一般要低于普通汽车，因此驾驶起来更稳定，安全系数更高一些。

5. 为汽车发展提供了更快捷的基础

相比于传统燃油汽车，新能源汽车在智能网联、无人驾驶等方面的研究上有更大的优势，摒弃了传统汽车对发动机、变速器等的复杂控制，可以更加专注于智能网联、无人驾驶的控制策略实现。

1.5 新能源汽车当前存在的问题

1）续航里程较短和电池技术有待突破仍然是市场推广的较大障碍。目前虽然市面销售的大多数新能源汽车的续航里程相对于以前有所提高，但和普通燃油车的续航里程相比，仍然较短，距离消费者的心理预期仍有不小的差距，与《节能与新能源汽车产业发展规划》中设定的 2020 年动力电池模块比能量达到 300W/kg 的目标相比存在较大的进步空间。

2）整车企业尚未达到理想规模，电池产品结构性过剩与有效产能不足可能同时并存，核心零部件有空心化风险。一方面，2019 年汽车产销分别完成 2572.1 万辆和 2576.9 万辆，但是全国新能源汽车产销量分别为 124 万和 120 万辆，占比较低；另一方面，2018 年末主要车用动力蓄电池企业产能 70GW·h。国内有近 2000 家动力蓄电池生产商，能够符合《汽车动力蓄电池行业规范条件》的企业只有 57 家，而能够在全球新能源汽车供应链中拥有较大话语权的更少，此外，一些有关高端关键生产设备和部件的也几乎依赖进口，因此结构性过剩和有效产能不足同时并存。

3）充电设施建设仍然面临多重困境。充电设备的数量仍未达到"适度超前"。2016 年推行的 5 项标准有待进一步落实。充电桩建设主要问题在于：动力电池及充电等关键技术发展迅猛增加了投资风险，建设过程涉及多个分散的利益主体，不少消费者缺乏安装条件。此外，目前充电运营商大多数因为尚未找到合适的商业模式而处于亏损状态，已建成充电桩的桩、卡、App、车位、维修、使用率等方面的问题不断凸显。

总之，新能源汽车产业既是机遇也是挑战。虽然当前世界各主要发达国家和有关汽车公司均在加紧研发新能源汽车技术并取得长足进展，但总体而言，中国仍基本上与之处在同一个起跑线上，差距不过只有 3~5 年，并不像传统内燃机技术一样存在 20 年的巨大差距。新能源汽车可继续开辟中国的汽车市场：中国的汽车产业刚刚发展起来，汽车普及率低，因而在汽车动力系统发展战略选择上有更大的自由度，在新能源汽车研发和产业化方面具有较大优势，推广应用新能源汽车的阻力也会小得多。

根据新能源汽车的定义，新能源汽车包括纯电动汽车、混合动力汽车、增程式电动汽车、燃料电池电动汽车、氢动力汽车、其他新能源汽车等。

2.1 纯电动汽车

纯电动汽车（Battery Electric Vehicle, BEV）是指以车载电源为动力，由电机驱动车轮行驶，符合道路交通、安全法规各项要求的车辆。由于对环境影响相对传统汽车较小，其前景被广泛看好，但当前技术不够成熟。

纯电动汽车是完全由可充电电池（如铅酸电池、镍镉电池、镍氢电池或锂离子电池）提供动力源的汽车。虽然它已有一百多年的悠久历史，但一直仅限于在某些特定范围内应用，市场较小。主要原因是蓄电池普遍存在价格高、使用寿命短、外形尺寸和质量大、充电时间长等严重缺点。

1. 纯电动汽车的结构

纯电动汽车的组成包括电源及其管理系统、驱动电机及其控制系统、行驶装置、转向装置、制动装置及特定功能的系统（如空调系统等）。纯电动汽车的其他装置基本与内燃机汽车相同。纯电动汽车的结构如图1-8所示。

(1) 电源及其管理系统

对于纯电动汽车，电源及其管理系统为电动汽车的驱动电动机提供电能，驱动电机将电源的电能转化为机械能。应用最广泛的电源是铅酸电池、镍镉电池、镍氢电池或锂离子电池。电池管理系统要实现以下几个功能：准确估测动力电池组的荷电状态，动态监测动力电池组的工作状态，实现单体电池间的均衡。

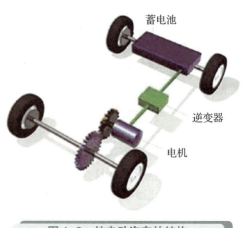

图1-8 纯电动汽车的结构

(2) 驱动电机及其控制系统

驱动电机的作用是将电源的电能转化为机械能，通过传动装置或直接驱动车轮和工作装置。目前应用较广泛的驱动电动机有直流无刷电机、开关磁阻电机和交流异步电机。电机控制系统是为纯电动汽车的变速和方向变换等设置的，其作用是控制电机的电压或电流，完成电机的驱动转矩和旋转方向的控制。

(3) 行驶装置

行驶装置的作用是将电机的驱动力矩通过车轮变成对地面的作用力，驱动车轮行走。其构成同其他汽车的构成是相同的，由车轮、轮胎和悬架等组成。

(4) 转向装置

转向装置是为实现汽车的转弯而设置的，由转向机、转向盘、转向机构和转向轮等组成。作用在转向盘上的控制力，通过转向机和转向机构使转向轮偏转一定的角度，实现汽车的转向。

(5) 制动装置

纯电动汽车的制动装置同其他汽车一样，是为汽车减速或停车而设置的，通常由制动器及其操纵装置组成。纯电动汽车一般还有电磁制动装置，它可以利用驱动电动机的控制电路实现电机的发电运行，使减速制动时的能量转换成对蓄电池充电的电流，从而得到再生利用。纯电动车的驱动过程可以总结为"蓄电池—电流—电力调节器—电机—动力传动系统—驱动汽车行驶"。

2. 纯电动汽车的特点

纯电动汽车不排放污染大气的有害气体，即使按所耗电量换算为发电厂的排放量，除硫和微粒外，其他污染物也显著减少，由于电厂大多建于远离人口密集的城市，对人类伤害较少，而且电厂是固定不动的，集中排放，清除各种有害排放物较容易。电力可以从多种一次能源获得，如煤、核能、水力、风力、光、热等，消除了人们对石油资源日渐枯竭的担心。

纯电动汽车还可以充分利用晚间用电低谷时富余的电力充电，使发电设备日夜都能充分利用，大大提高其经济效益。有关研究表明，同样的原油经过粗炼，送至电厂发电，经充入电池，再由电池驱动汽车，其能量利用效率比经过精炼变为汽油，再经汽油机驱动汽车高，因此有利于节约能源和减少二氧化碳的排放量，正是这些优点，使电动汽车的研究和应用成为汽车工业的一个"热点"。

因此，纯电动汽车技术相对简单、成熟，只要在有电力供应的地方，其都能够充电。但是，目前蓄电池单位质量储存的能量太少，并且纯电动汽车的电池较贵，没有形成经济规模，故购买价格较贵；至于使用成本，部分试用结果显示其比汽车贵，部分结果显示其仅为汽车的1/3，这主要取决于电池的寿命及当地的油、电价格。

2.2 混合动力汽车

混合动力汽车（Hybrid Electrical Vehicle，HEV）是指由两种或两种以上不同类型的动力源联合驱动的车辆，车辆的行驶动力依据车辆行驶状态由单个动力源单独或多个动力源共同提供。

混合动力汽车技术已经成为汽车行业发展的焦点之一。丰田汽车公司1997年推出的混合动力轿车Prius目前已经开发至第五代，节油率达到50%以上。本田汽车公司推出的IMA混合动力系统成功应用于本田Civic和Insight等车型上。通用汽车公司以Escalade为代表的双模式深度混合动力SUV深受欢迎。福特汽车公司的Escape和Mariner两款混合动力SUV累计销量超过了10万辆。大众汽车公司的途锐混合动力汽车、奔驰公司的ML450双模式混合动力汽车都已经正式量产销售。对于混合动力轿车产品结构和技术，高电压、高转速、集成化、深度混联是明显的发展趋势。在混合方式方面，由串联、并联形式向混联方向发展，由变速器耦合、离合器耦合向行星齿轮耦合过渡。在混合度方面，随着电池技术的进步，混合度得到提升，并通过插电式结构，逐步实现从石油能源向电气能源转化。

国内混合动力轿车方面，一汽、东风、上汽、长安、比亚迪、奇瑞、吉利、北汽等公司投入了大量资源进行开发。在国家科技计划和相关措施的引导和推动下，部分混合动力汽车已经进入市场，如长安汽车公司的杰勋HEV（ISG+MT+单离合器）、比亚迪汽车公司的双模F3DM、奇瑞汽车公司的BSG等混合动力车型都已上市。但是应该清晰地认识到，我国混合动力汽车技术与发达国家相比还有较大差距，主要表现在缺乏混合动力汽车用发动机技术和自动变速器技术，同时电池、电机、电控等关键零部件的性能和可靠性也有待提高。

通常所说的混合动力汽车一般指的是油电混合动力电动汽车，即燃油（汽油、柴油）和电能的混合，是由电机作为发动机的辅助动力驱动的汽车。油电混合动力系统中的能量转换器为发动机和电机，能量储存系统为油箱和动力电池。在没有特别说明的情况下，本书所述混合动力汽车指的是油电混合动力电动汽车。

混合动力汽车的特点是能够提高燃油经济性和降低排放量，主要原因如下。

1）混合动力汽车只需采用能够满足汽车巡航需要的较小发动机，由电能提供汽车加速、爬坡时所需的附加动力，因此提高了发动机的负荷率。

2）可以控制发动机在高效率、低污染的区域内运行，发动机的功率不能满足车辆驱动需求时，由电池来补充；发动机的功率过剩时，剩余功率给电池充电。

3）因为有了电机、电源系统，可以方便地回收汽车制动、下坡时的能量。

4）在车辆频繁起停的繁华市区，可以关闭发动机，由电池单独驱动，从而消除发动机的怠速能耗，并实现"零排放"。

2.3 增程式电动汽车

增程式电动汽车（见图1-9）是一种串联插电式混合动力汽车。不同于并联式混合动力汽车，增程式电动汽车只用电机驱动，而不使用内燃发动机进行驱动。对于增程式混合动力汽车来说，内燃发动机的唯一作用是驱动发电机发电，为电池充电，驱动电机可以为其他用电设备（如空调、12V电源等）提供能量。当电池组电量充足时，采用纯电动模式行驶，而当电量不足时，车内发动机起动，带动发电机为动力电池充电，提供电机运行的电力（即增程模式）。

严格来说，这一类车型仍然是电动汽车。车内只有一套电力驱动系统，包括电机、控制电路、电池。增程式插电混合动力汽车的电机直接驱动车轮，发动机则用于驱动发电机给电池进行充电。因为发动机并不直接驱动车轮，因此不需要变速器。这相当于在普通的电动车上装载了一台汽油/柴油发电机。

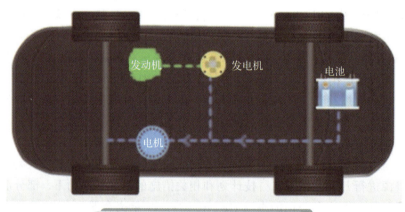

图1-9 增程式电动汽车

由于具有外接充电优势，增程式电动汽车的纯电续航里程也较长，并且在增程模式下，发动机工作在高效转区，其安静程度比普通汽车更好，电机的"低转高扭"特性也使得车辆的起步性能和加速性能较好。

增程式电动汽车的优点如下。

1）具有安静、起步转矩大的优点，可以当作纯电动汽车使用，在充电方便的条件下只充电、不加油，使用成本较低。

2）相比其他混合动力模式，增程式电动汽车可以不用变速器，成本略有降低。由于由发动机发电，续航里程长，相比纯电动汽车，对基础设施要求不高。

3）因为发动机不直接驱动车轮，发动机转速和车轮转速、汽车速度没有直接关系，通过控制系统优化，可以让发动机一直工作在最佳转速，即使在充电不便、市内堵车路况下，油耗也比较低，发动机噪声也可以控制得非常小。

增程式电动汽车的缺点如下。

1）功率浪费。发动机和发电机并不直接驱动车轮，造成了这部分功率的浪费，而发动机和发电机的质量并不减少。譬如，一辆增程式电动汽车的发动机功率为50kW，发电机功率为50kW，电机功率为100kW，整车携带了总功率200kW的发动机和电机，但是能驱动车轮的功率只有100kW。

2）在高速路况下，油耗偏高。这是因为在高速路况下，如果发动机直接驱动车轮，则汽车可以一直工作在最佳工作模式，而增程式电动汽车多了一个转换过程，转换本身要消耗能量，造成油耗偏高。

2.4 燃料电池电动汽车

燃料电池电动汽车（Fuel Cell Electric Vehicle，FCEV，见图1-10）是利用氢气和空气中的氧在催化剂的作用下，将在燃料电池中经电化学反应产生的电能作为主要动力源的汽车。燃料电池电动汽车实质上是纯电动汽车的一种，主要区别在于动力电池的工作原理不同。

一般来说，燃料电池是通过电化学反应将化学能转化为电能的，电化学反应所需的还原剂一般采

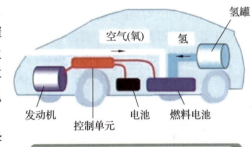

图1-10 燃料电池电动汽车

用氢气，氧化剂则采用氧气，因此最早开发的燃料电池电动汽车多是直接采用氢燃料，氢气的储存形式包括液化氢、压缩氢气或金属氢化物储氢等。

燃料电池的化学反应过程不会产生有害产物，因此燃料电池电动汽车是无污染汽车，燃料电池的能量转换效率比内燃机要高2~3倍，因此从能源的利用和环境保护方面来看，燃料电池电动汽车是一种理想的汽车。

纯燃料电池电动汽车只有燃料电池一个动力源，汽车的所有功率负荷都由燃料电池承担。燃料电池电动汽车多采用混合驱动形式，在燃料电池的基础上，增加了一组电池或超级电容作为另一个动力源。燃料电池的基本组成有电极、电解质、燃料和氧化剂。燃料可以是氢气（H_2）、甲烷（CH_4）、甲醇（CH_3OH）等，氧化剂一般是氧气或空气，电解质可为酸碱溶液（H_2SO_4、H_3PO_4、NaOH等）、熔融盐（$NaCO_3$、K_2CO_3）、固体聚合物、固体氧化物等。与普通电池不同的是，只要能保证燃料和氧化剂的供给，燃料电池就可以连续不断地产生电能。

燃料电池的种类繁多，通常可以依据其工作温度、燃料种类、电解质类型进行分类。按工作温度，燃料电池可分为高、中、低温型3类。工作温度从常温至100℃的为低温燃料电池；工作温度在100℃~300℃的为中温燃料电池；工作温度在500℃以上的为高温燃料电池。按燃料来源，燃料电池可分为两类，第一类是直接式燃料电池，即燃料直接使用氢气；第二类是间

接式燃料电池，其燃料是通过某种方法把氢气（H_2）、甲烷（CH_4）、甲醇（CH_3OH）或其他烃类化合物转变成氢或富含氢的混合气供给燃料电池。按电解质划分，燃料电池大致上可分为5类：碱性燃料电池（AFC）、磷酸型燃料电池（PAFC）、固体氧化物燃料电池（SOFC）、熔融碳酸盐燃料电池（MCFC）、质子交换膜燃料电池（PEMFC）。

燃料电池电动汽车主要包括以下部件。

1）燃料电池发动机（FCE）：主要由燃料电池堆、进气系统、排水系统、供氢系统、冷却系统、电堆控制单元和监控系统组成，为主要动力源。

2）动力蓄电池组：辅助动力源。

3）电流变换器：进行交、直流变换。

4）动力总成：传递动力、换挡。

5）氢气系统：提供氢气。

6）动力控制单元：动力控制、故障诊断。

单个燃料电池必须结合成燃料电池组，以便获得必需的动力，满足车辆的使用要求。近几年来，燃料电池技术已经取得了重大的进展。世界著名汽车制造厂（如戴姆勒－克莱斯勒、福特、丰田和通用等汽车公司）宣布，计划将燃料电池汽车投向市场。目前，燃料电池电动汽车的样车正在试验中，以燃料电池为动力的运输大客车在北美的几个城市中正在进行示范项目。开发燃料电池电动汽车仍然存在着技术性挑战，如燃料电池组的一体化，提高商业化程度。电动汽车制造厂都在朝着集成部件和减少部件成本的方向努力，并已取得了显著的进步。

与传统汽车相比，燃料电池电动汽车具有以下优点："零排放"或近似"零排放"；减少了机油泄漏带来的水污染；降低了温室气体的排放；提高了燃油经济性；提高了发动机燃烧效率；运行平稳、无噪声。

燃料电池电动汽车除了在车身、控制器及驱动系统等方面面临着与电动汽车相同的问题之外，在其储能动力源——燃料电池方面还有较多问题急需解决，氢燃料电池在氢燃料制取、储存及携带等方面，以及非氢燃料电池的重整系统的效率、体积、质量及反应速度等方面的技术还需进一步提高。

2.5 氢动力汽车

氢动力汽车（见图1-11）和氢燃料电池车不同。氢动力汽车是传统汽油内燃机车的小量改动版本。氢动力汽车直接燃烧氢，不使用其他燃料，排出水蒸气。氢动力汽车的问题是氢燃料耗尽快（载满氢气的汽车只能行驶数千米，很快便没能量）。另外，各种各样的方法正在研究以减少耗用的空间，如采用液态氢或氢化物。

1807年，Isaac de Rivas制造了首辆氢动力汽车，可惜该设计不是很成功。宝马公司的氢动力汽车有更强的动力，而且比氢燃料电池汽车更快，该氢动力汽车以300km/h创下了氢动力汽车的最高速度记录。马自达公司也在开发以氢气为燃料的转子发动机，通过转子的转动，使氢气能够在发动机不同位置燃烧，以减少氢气爆炸的可能性。

其他重要汽车生产商（如通用汽车公司和DaimlerChrysler公司）投资在较慢、较弱但较有效的氢燃料电池方面。

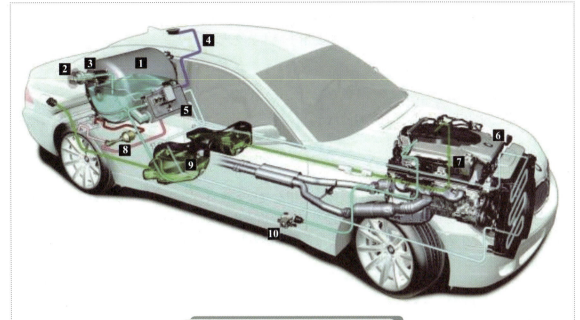

图 1-11 氢动力汽车

1—液氢罐；2—液氢罐盖；3—加氢管接口；4—安全泄压阀管路；5—氢气变压变温控制单元；
6—双模式复合发动机（氢/汽油）；7—氢气进气歧管；8—液氢气化控制系统；9—汽油箱；10—压力控制阀

氢动力汽车是一种真正实现"零排放"的交通工具，排放物是水，具有无污染、"零排放"、燃料储量丰富等优势，因此，氢动力汽车是传统汽车最理想的替代方案。与传统动力汽车相比，氢动力汽车成本至少高出20%。中国长安汽车公司在2007年完成了中国第一台高效"零排放"氢内燃机点火，并在2008年北京车展上展出了自主研发的中国首款氢动力概念跑车——"氢程"。

氢具有很高的能量密度，释放的能量足以使汽车发动机运转，而且氢与氧气在燃料电池中发生化学反应后只生成水，没有污染。因此，许多科学家预言，以氢为能源的燃料电池技术是21世纪汽车的核心技术。

优点：排放物是水，行驶时不产生任何污染物。

缺点：氢燃料电池成本过高，而且氢燃料的存储和运输按照目前的技术条件来说非常困难，因为氢分子非常小，极易透过储藏装置的外壳逃逸。另外，最致命的问题是，氢气的提取需要通过电解水或者利用天然气，如此一来同样需要消耗大量能源，除非使用核电来提取，否则无法从根本上降低二氧化碳的排放量。

2.6 其他新能源汽车

1. 燃气汽车

燃气成分单一、纯度较高、能与空气均匀混合并燃烧完全，CO 和微粒的排放量较低，发动机在低温时的起动性能和运转性能较好。其缺点是其运输性能比以液体燃料为动力源的汽车的差，发动机的容积效率低，着火延迟较长，动力性有所降低。这类汽车多采用双燃料系统，即一个压缩天然气（或液化石油气系统）和一个汽油（或柴油燃烧系统），可以容易地从一个系统过渡到另一个系统，这种汽车主要用于城市公交汽车。

2. 甲醇汽车

甲醇汽车是用甲醇代替石油燃料的汽车。

3. 空气动力汽车

空气动力汽车利用空气作为能量载体，使用空气压缩机将空气压缩到 30MP 以上，然后储存在储气罐中。需要开动汽车时，将压缩空气释放出来以驱动发动机行驶。其优点是无排放，维护少；缺点是需要电源，空气压力（能量输出）随着行驶里程的加长而衰减，需要考虑高压气体的安全性。

4. 飞轮储能汽车

飞轮储能汽车利用飞轮的惯性储能，储存非满负载时发动机的余能及车辆长大下坡、减速行驶时的能量，反馈到一个发电机上发电，从而驱动或加速飞轮旋转。飞轮使用磁悬浮方式，在 70000r/min 的高速下旋转。其优点是可提高能源使用效率，质量小，储能高，能量进出反应快，维护少，寿命长；缺点是成本高，转向会受飞轮陀螺效应的影响。

5. 超级电容汽车

超级电容器是基于双电层原理研制的电容器。在超级电容器的两极板上电荷产生的电场作用下，在电解液与电极间的界面上形成极性相反的电荷，以平衡电解液的内电场，正电荷与负电荷分布在两个不同相之间的接触面上，以极短间隙排列在相反的位置上，这个电荷分布层叫作双电层，因此电容量非常大。2010 年，上海世界博览会园区已使用此车。

第二章
新能源汽车整体结构

纯电动汽车总体结构

1.1 纯电动汽车的分类

纯电动汽车是指以车载电源为动力，用电机驱动车轮行驶，符合道路交通安全法规各项要求的车辆，一般采用高效率充电蓄电池作为动力源。纯电动汽车不需要用内燃机，因此纯电动汽车的电机相当于传统汽车的发动机，动力电池相当于传统汽车的油箱，电能是二次能源，可以来源于风能、水能、热能、太阳能等。

1. 按动力电池的数量分类

（1）用动力电池作为动力源的纯电动汽车

用单一蓄电池作为动力源的纯电动汽车，只装置了动力电池组，其电力和动力传输系统如图2-1所示。

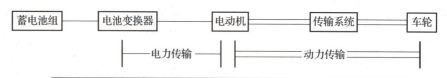

图2-1 用动力电池作为动力源的纯电动汽车的电力和动力传输系统

（2）装有辅助动力源的纯电动汽车

采用单一蓄电池作为动力源的纯电动汽车，蓄电池的比能量和比功率较低，蓄电池组的质量和体积较大。因此，某些纯电动汽车增加了辅助动力源，如超级电容器、发电机组、太阳能等，以此改善纯电动汽车的起动性能和增加续航里程。装有辅助动力源的纯电动汽车的电力和动力传输系统如图2-2所示。

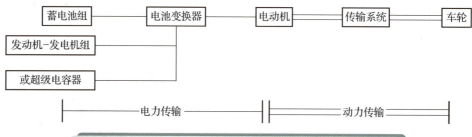

图2-2 装有辅助动力源的纯电动汽车的电力和动力传输系统

2. 按车辆用途分类

按照用途不同分类，纯电动汽车可分为电动轿车、电动货车和电动客车3种。

1）电动轿车。电动轿车是目前最常见的纯电动汽车。除了一些概念车，纯电动轿车已经有了小批量生产，并已进入汽车市场。

2）电动货车。用作功率运输的电动货车比较少，而在矿山、工地及一些特殊场地，则早已出现了一些大吨位的纯电动载货汽车。

3）电动客车。纯电动小客车较少见；纯电动大客车用作公共汽车，在一些城市的公交线路及世界博览会、世界性的运动会上，已经有了良好的表现。

电动汽车还可以按照使用的动力电池材料、驱动系统的组成等方面进行分类。

1.2 纯电动汽车的结构

纯电动汽车的核心由电力驱动系统、电源系统、整车控制原则和辅助系统四部分组成。其中电力驱动系统由电机、减速器、电机控制器等组成,电源系统由动力电池及其管理系统组成,如图2-3所示。

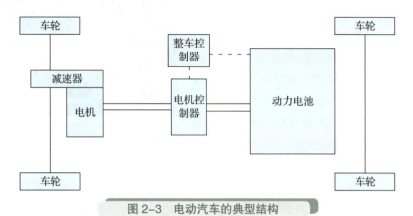

图2-3 电动汽车的典型结构

1. 电力驱动系统

电动汽车所需的机械能量,也就是汽车运行的动能,都来自驱动电机可以将电池的电能转化为机械能,从而替代了内燃式发动机。

电动汽车经常采用的驱动电机有直流电机、异步电机、永磁同步电机和开关磁阻电机4类。目前市面上的主流电动汽车所采用的电机形式是永磁同步电机和异步电机,永磁同步电机的最大优点是具有较高的功率密度与转矩密度,相比于其他电机,在相同质量与体积下,永磁同步电机能够为新能源汽车提供最大的输出动力与加速度。图2-4为永磁同步电机的基本结构。

图2-4 永磁同步电机的基本结构

相比于永磁同步电机,异步电机的优点是成本低、工艺简单、运行可靠、耐用、维修方便,而且能适应大幅度的工作温度变化,而温度大幅变化会损坏永磁同步电机。尽管在质量和体积方面,异步电机并不占优,但其转速范围广泛(高达20000r/min左右的峰值转速),即使不匹配二级差速器也能够满足该级别车型高速巡航的转速需求；至于质量对续航里程的影响，高能量密度的电池能够"掩盖"电动机质量方面的劣势。特斯拉车型的异步电机如图2-5所示。

图2-5 特斯拉车型的异步电机

驱动电机的主要任务是在驾驶员的控制下，高效率地将动力电池存储的电能转化为车轮的动能驱动车辆，或者在制动时将车轮的动能转化为电能反馈到动力电池中以实现车辆的制动能量回收。控制器就像人体的神经中枢，电动汽车必须通过一个整车控制系统来进行各子系统的协调控制，从而实现整车的最佳性能。电源系统包括蓄电池组、电池管理系统（Battery Management System，BMS）等。辅助系统包括辅助动力源、动力转向系统、空调器、照明装置等。

纯电动汽车的工作原理：蓄电池组（提供电能）→控制器、功率转换器（调速控制）→驱动电动机→传动系统（驱动车轮）→汽车行驶，如图2-6所示。

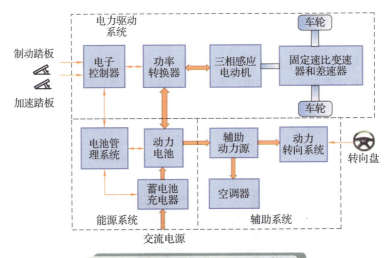

图2-6 纯电动汽车的工作原理示意图

不同于燃油汽车在变速时复杂的挡位变化过程，电动汽车的变速有些类似于手机声音的大小，调节音量按钮，手机的声音就可以变大或变小。在电动汽车上，驾驶员是通过操控制动踏板和加速踏板来改变车速的，实际上控制的是电能的大小。

驾驶员踩下加速踏板→传感器检测踏板的移动量→该值被传递到电控系统→电控系统向电机控制器发出指令→电机控制器计算电机的各项指标→控制电机工作。

驾驶员轻轻踩下加速踏板时，电池的放电电流较小。驾驶员用力踩下加速踏板时，电池的放电电流会很大。减速时也是一样，所有的需求最终以可控的电能形式在汽车内部的部件间传递。

2. 电源系统

电源系统主要包括动力电池组、电池管理系统、车载充电机及辅助动力源等。其中，动力电池是电动汽车的动力源,是能量的存储装置;电池管理系统实时监控动力电池的使用情况;车载充电机用于把电网供电制式转换为对动力电池充电要求的制式。电动汽车依靠动力电池输出电能,通过电机控制器驱动电机运转产生动力,再通过减速机构,将动力传给驱动车轮,最终行驶。纯电动汽车的高压系统如图2-7所示。

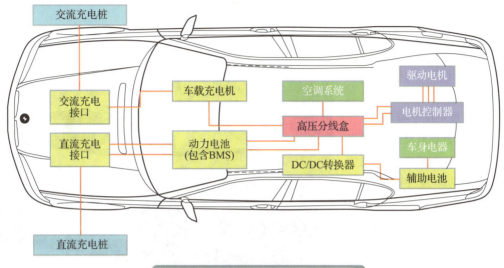

图2-7 纯电动汽车的高压系统

目前电动汽车可以使用的电池从广义上讲主要可分为化学电池和物理电池,其中化学电池是目前电动汽车领域应用最为广泛的电池,如镍氢电池、锂离子电池、锂聚合物电池、燃料电池等都属于这一范畴。从结构角度上讲,电动汽车所采用的电池可进一步分成蓄电池及燃料电池两大类别,我们目前所见的绝大多数电动车采用化学蓄电池技术进行驱动。

3. 整车控制系统

电动汽车整车控制系统是电动汽车的"大脑",由各个子系统构成,每一个子系统一般由传感器、信号处理电路、电控单元、控制策略、执行机构、自诊断电路和指示灯组成。在不同类型的电动汽车上,整车控制系统存在一些区别,但总体来说一般包括电池管理系统、再生制动控制系统、电机驱动控制系统、电动助力转向控制系统及动力总成控制系统等。各个子系统的功能不是简单的叠加,电动汽车是通过综合各子系统的功能来实现控制的,这些控制系统汇总到一个控制箱中,一般叫作整车控制器,如图2-8所示。

图2-8 整车控制器

4. 辅助系统

辅助系统包括车载信息显示系统、动力转向系统、导航系统等。电动汽车借助辅助系统来提高自身操纵性和乘员的舒适性。

1.3 典型电动汽车

下面以北汽 EV160 纯电动汽车为例介绍电动汽车各组成部件，其外观如图 2-9 所示。

北汽 EV160 是北汽新能源汽车公司旗下的纯电动入门级车型，最大功率为 53kW，最大转矩为 180N，最高车速 125km/h；采用交流异步永磁电机，电池位于车辆下部；装有空调系统；快充口位于车辆前车标下部，慢充口位于车辆左侧原加油口位置。主要动力系统如图 2-10 所示。

图 2-9 北汽 EV160 纯电动汽车的外观

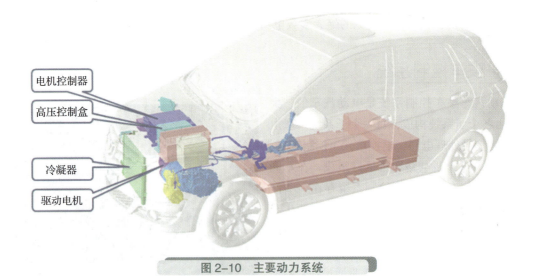

图 2-10 主要动力系统

1. 动力电池

动力电池安装于汽车底盘中。动力电池提供的电能，通过驱动电机转化为机械能，经由传动机构传递到驱动轮，驱动汽车行驶，如图 2-11 所示。

图 2-11 北汽 EV160 的动力电池

北汽 EV160 动力电池的主要参数如表 2-1 所示。

表 2-1 北汽 EV160 动力电池的主要参数

型号	SK-30.4kWh
额定电压	332V
电芯容量	91.5Ah
额定能量	30.4kWh
连接方式	3P91S
电池系统供应商	BESK
电芯供应商	SKI
BMS 供应商	SK innovation
总质量	291kg
总体积	240L
工作电压	250~382V
能量密度	104 Wh/kg
体积比能量	127Wh/L

2. BMS

BMS 是电池保护和管理的核心部件，在动力电池系统中，它的作用就相当于人的大脑。它不仅要保证电池安全、可靠地使用，而且要充分发挥电池的能力和延长其使用寿命，作为电池和整车控制器（Vehicle Control Unit，VCU）及驾驶员沟通的桥梁，通过控制接触器控制动力电池组的充放电，并向 VCU 上报动力电池系统的基本参数及故障信息。BMS 硬件位于动力电池内部。北汽 EV160 BMS 如图 2-12 所示。

图 2-12 北汽 EV160 BMS

3. 动力系统

北汽 EV160 的动力系统包括驱动电机（见图 2-13）和传动系统（见图 2-14）。传动系统采用两级减速器。

图 2-13　北汽 EV160 驱动电机

图 2-14　北汽 EV160 传动系统

4. 整车控制器

在整车控制系统中，整车控制器配合其他子系统控制器，完成车辆运行过程中能量流动的控制，如车辆加速、减速、能量回收等。此外，还需要对整车所有用电器进行控制，保证车辆的正常运行。北汽 EV160 整车控制器如图 2-15 所示。

图 2-15　北汽 EV160 整车控制器

5. 高压配电系统

高压配电系统包括高压控制盒、电机控制器、车载充电机、DC/DC 转换器及各种线束，如图 2-16 所示。

高压控制盒连接了所有高压部件，是高压电流入和流出动力电池都要经过的高压配电装置。车载充电机用来将 220V 家用交流电转换为高压直流电给动力电池充电。DC/DC 转换器的主要作用是将动力电池的高压直流电转换为 12V 直流电，为整车低压用电系统供电及为铅酸电池充电。

图 2-16 北汽 EV160 高压配电系统

6. 电动助力转向系统

电动助力转向（Electric Power Steering，EPS）系统由转矩传感器、电子控制单元（简称电控单元）及助力电机组成，如图 2-17 所示。

7. 制动系统

纯电动汽车制动系统包括 ABS 和制动真空助力系统，真空助力系统由 12V 直流电驱动的真空泵产生真空，如图 2-18 所示。

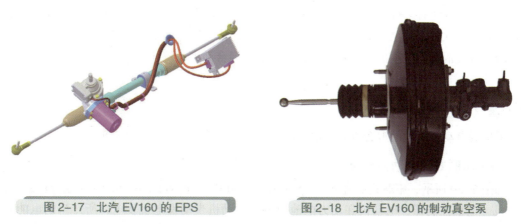

图 2-17 北汽 EV160 的 EPS　　　　图 2-18 北汽 EV160 的制动真空泵

8. 空调制冷与暖风系统

如图 2-19 所示，北汽 EV160 的空调制冷系统原理与传统车类似，但系统采用电动压缩以对制冷剂进行压缩；空调暖风系统与传统车不同，采用 PTC 加热器对空气进行加热。

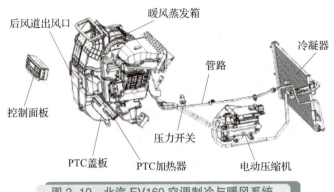

图 2-19 北汽 EV160 空调制冷与暖风系统

混合动力汽车总体构造

2.1 混合动力系统的分类及结构

混合动力系统有多种分类方式。依据混合动力驱动的混合方式不同,混合动力系统可以分为串联式、并联式、混联式混合动力系统 3 种类型;依据混合度不同,混合动力系统可以分为微混合、轻度混合、中度混合、重度混合、插电式混合动力系统 5 类。

1. 按混合方式分类

根据混合动力驱动的混合方式,混合动力系统主要分为串联、并联、混联。

（1）串联式混合动力系统

如图 2-20 所示,串联式混合动力（Series Hybrid Electric Vehicle,SHEV）系统由发动机、发电机、电机控制器、电动机和动力电池组成。发动机带动发电机发电,所产生的电能通过电机控制器提供给电动机,再由电动机转化为动能后驱动车辆。动力电池对在发电机产生的电能和电动机需要的电能之间进行调节,从而保证车辆在各种行驶工况下的功率需求。串联式混合动力系统的特点是通过电方式实现动力耦合,电机控制器也是动力耦合器。该系统中有两个电源,即动力电池和发电机,这两个电源通过电机控制器串联在回路中,动力的流向为串联式,所以称这种系统为串联式混合动力系统。

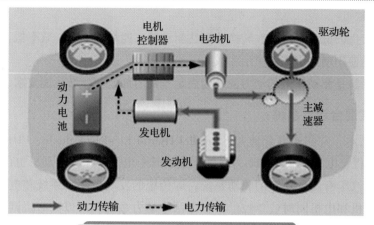

图 2-20 串联式混合动力系统

串联式混合动力系统主要应用于城市公交车，节油率可以达到 20% 左右。该系统可以实现以下工作模式。

1）纯电驱动模式：发动机关闭，车辆驱动能量完全来自动力电池。该模式主要用于车辆低速行驶和倒车工况。

2）纯发动机驱动模式：车辆驱动能量来自发动机，经发电机、电机控制器、电动机进行能量转换后驱动车辆，动力电池既不提供能量也不接受能量。该模式主要用于车辆中速和高速行驶工况。

3）混合驱动模式：车辆驱动能量同时来自发动机和动力电池，发电机发出的电能和电池提供的电能由电机控制器实现耦合，共同输送给电动机。该模式主要用于车辆加速和爬坡行驶工况。

4）发动机驱动和电池充电模式：来自发动机的机械能由发电机转化成电能后，由电机控制器分配能量，一部分输送给电动机用于驱动车辆，另一部分给动力电池充电。该模式主要用于车辆低负荷行驶且电池荷电状态（State of Charge，SOC）较低的工况。

5）回馈制动模式：发动机关闭，电动机以发电形式工作，把来自车轮的动能转化为电能，通过电机控制器给动力电池充电。该模式主要用于车辆制动和下坡工况。

6）电池充电模式：电动机不接受能量，由发电机把来自发动机的机械能转化为电能，通过电机控制器给动力电池充电。该模式主要用于车辆静止且电池 SOC 较低的工况。

串联方式的优点：

1）发动机和驱动轮之间没有机械连接，因此发动机可以工作在其速度 – 转矩图的任何点上。通过车辆的驱动功率需求，可以控制发动机总是工作在最低油耗区。在这个区域内，发动机的效率和排放情况可以通过特殊设计和控制技术得以进一步改善。

2）由于电动机的速度 – 转矩特性非常适合汽车牵引需求，驱动系统可以不再需要多挡位的变速器，使得驱动系统结构得以简化。另外，在两个驱动轮上各使用一个电机，就可以去掉机械差速器，实现两个车轮间的解耦；还可以实现 4 个车轮各使用一个电动机，这样每个车轮的速度和转矩就可以实现独立控制，从而可以提高车辆的机动性。

3）相比其他布置方式，由于发动机和驱动轮之间实现了完全的机械解耦，动力总成的控制策略简单。

串联方式的缺点：

1）发动机产生的能量经过两次转换才到达驱动轮，能量损失多，效率低。

2）发电机的使用增大了车辆质量和成本。

3）由于电动机是驱动车辆的动力源，为满足车辆的加速和爬坡性能要求，其尺寸较大。

（2）并联式混合动力系统

如图 2-21 所示，并联式混合动力（Parallel Hybrid Electric Vehicle，PHEV）系统由发动机、变速器、电机、电机控制器和动力电池组成，其中电机既作为电动机也作为发电机使用。并联式混合动力汽车有两个独立的驱动系统，即传统的发动机驱动系统和电机驱动系统。车辆驱动力由发动机和电机同时或单独供给，即两个动力系统既可以同时协调工作，也可以各自单独工作来驱动汽车。两个动力系统同时工作时，以机械方式实现动力耦合，动力的流向为并联式，所以称这种系统为并联式混合动力系统。

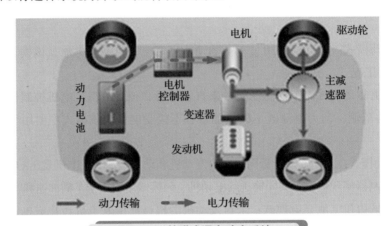

图 2-21 并联式混合动力系统

并联式混合动力系统应用较多，在各种车型上都有应用，其中，在节油率方面，基于传送带传动的发电起动一体式电机（Belt driven State Generator，BSG）的车型可以达到 5%，基于集成起动电机（Integrated State Generator，ISG）的车型为 15%，并联公交车为 25%~30%。在串联方式中提到的各种工作模式在并联结构中都可以实现。

并联方式的优点：

1）发动机的动力可以直接用来驱动车辆，没有能量转换，能量损失小。

2）一个电机既作为电动机使用，也作为发电机使用，且可以采用较小功率的电机，成本低。

并联方式的缺点：

1）发动机和驱动轮间是机械连接，因此发动机的工作点不可能总处于最佳区域，发动机效率得不到充分发挥。

2）需要搭载变速器，且适合搭载自动变速器。

3）混合度较低，不便于向插电式混合动力过渡。

（3）混联式混合动力系统

如图 2-22 所示，混联式混合动力（Series/Parallel Hybrid Electric Vehicle）系统由发动机、

动力分配机构、发电机、电机控制器、电动机和动力电池组成。发动机的动力经过动力分配机构后分成两部分，一部分直接驱动车辆，形成机械传输通道，另一部分带动发电机发电，所产生的电能通过电机控制器提供给电动机以驱动车辆，形成电力传输通道。通过调整发电机转速，可以控制机械传输通道和电力传输通道的动力分配比例。这个系统具有双重特征：一是电力传输通道和动力电池之间以电方式实现动力耦合，动力的流向为串联式；二是机械传输通道和电动机之间以机械方式实现动力耦合，动力的流向为并联式。基于以上特征，所以称这种系统为混联式混合动力系统。

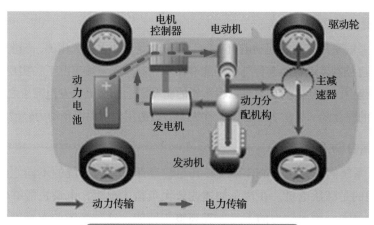

图 2-22　混联式混合动力系统

混联式混合动力系统吸收了串联式混合动机系统和并联式混合动机系统的优点，使两者的优势都能够得到发挥，其应用前景好，在 NEDC（New European Driving Cycle，新欧洲驾驶循环）工况下，节油率可达 40% 以上。

2. 按混合度分类

根据电动机的输出功率在整个系统输出功率中所占比例，混合动力系统可以分为以下 5 类：微混合动力（也称弱混合动力）、轻度混合动力、中度混合动力、重度混合动力（也称全混合动力、强混合动力）、插电式混合动力（Plug in Hybrid）系统。混合度不同，功能要求也有差别，具体见表 2-2。混合度指的是电系统功率 P_{elec} 占动力源总功率 P_{total} 的百分比，即

$$H = \frac{P_{elec}}{P_{total}} \times 100\%$$

表 2-2　混合动力系统的类型及功能要求

类型	功能要求
微混合动力系统	发动机自动起停
轻度混合动力系统	发动机自动起停 + 回馈制动
中度混合动力系统	发动机自动起停 + 回馈制动 + 电动辅助
重试混合动力系统	发动机自动起停 + 回馈制动 + 电动辅助 + 纯电驱动
插电式混合动力系统	发动机自动起停 + 回馈制动 + 电动辅助 + 纯电驱动 + 电网充电

（1）微混合动力系统

这种混合动力系统对传统发动机的起动机进行了改造，形成由传送带传动的发电起动一体式电机（BSG）。该电动机用来控制发动机快速起停，因此可以取消发动机的怠速过程，降低了油耗和排放量。微混合动力系统搭载的电机功率比较小，仅靠电机无法使车辆起步，起步过程仍需要发动机介入，是一种初级的混合动力系统。在微混合动力系统中，电机的电压通常有两种：12V 和 42V，其中 42V 主要用于柴油混合动力系统。在城市循环工况下，其节油率一般在 5%~10%。

（2）轻度混合动力系统

该混合动力系统采用了集成起动电机（ISG）。与微混合动力系统相比，轻度混合动力系统除了能够实现用电机控制发动机的起停外，还能够在车辆制动和下坡工况下，实现对部分能量进行回收；在行驶过程中，发动机的动力可以在车轮的驱动需求和发电机发电需求之间进行调节。轻度混合动力系统的混合度一般在 20% 以下，代表车型是通用公司的混合动力轻型载货汽车。

（3）中度混合动力系统

该混合动力系统同样采用了 ISG 系统。其与轻度混合动力系统的不同之处在于，中度混合动力系统采用的是高压电机，在汽车加速或者大负荷工况时，电动机能够辅助发动机驱动车辆，补充发动机本身输出动力的不足，提高整车性能。这种系统的混合度较高，可以达到 30% 左右，在城市循环工况下节油率可以达到 20%~30%，目前技术比较成熟，应用广泛。本田公司旗下的 Insight、Accord 和 Civic 混合动力汽车就采用了这类系统。

（4）重度混合动力系统

重度混合动力系统采用 272~650V 的高压电机，混合度可以达到 50% 以上，在城市循环工况下节油率可以达到 30%~50%。其特点是动力系统以发动机为基础动力，以动力电池为辅助动力。采用的电动机功率更为强大，完全可以满足车辆在起步和低速时的动力要求。因此，重度混合动力汽车无论是在起步还是低速行驶状态下都不需要起动发动机，依靠电动机即可，在低速时就像一款纯电动车；在急加速和爬坡运行工况下，当车辆需要较大的驱动力时，电动机和发动机同时对车辆提供动力。随着电机、电池技术的进步，重度混合动力系统逐渐成为混合动力技术的主要发展方向。丰田公司的 Prius 混合动力系统就属于重度混合动力系统。

（5）插电式混合动力系统

插电式混合动力汽车（Plug-in Hybrid Electric Vehicle，PHEV）是可以利用电网对动力电池充电的混合动力汽车，可以以纯电模式驱动车辆行驶，且纯电动行驶里程较长；电能不足时，车辆仍然可以以重度混合模式行驶。一般插电式混合动力轿车都有车载充电机，可以使用家用电源为电池充电，而插电式混合动力公交车由于行驶路线固定，通常利用外接充电机充电。插电式混合动力系统的电动机功率比纯电动汽车用的电机稍小，动力电池的容量介于重度混合动力车辆和纯电动车辆之间。由于具有利用夜间用电低谷对动力电池充电、降低排放量等优势，插电式混合动力汽车已成为主流发展方向之一。

第二节 混合动力汽车总体构造

2.2 典型混合动力汽车

普锐斯车型于 1997 年 10 月底问世，是世界上最早实现批量生产的混合动力汽车。第二代普锐斯车型装备了新一代丰田混合动力系统 THS II，这是在上一代丰田混合动力系统 THS 的基础上，以能够同时提高环保性能和动力性能的"混合动力同步驾驶（Hybrid Synergy Drive）"为概念开发的。普锐斯混合动力汽车组成简图如图 2-23 所示。

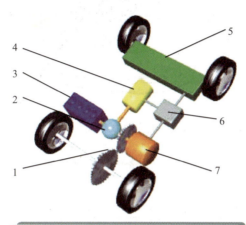

图 2-23 普锐斯混合动力汽车组成简图

1—减速器；2—行星齿轮机构；2—发动机；4—MG1（发电机）；5—HV（混合动力汽车）蓄电池；
6—变频器；7—MG2（电动机）

丰田普锐斯混合动力汽车的基本结构如图 2-24 所示。

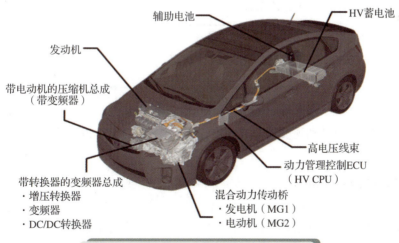

图 2-24 普锐斯混合动力汽车的基本结构

1. HV 蓄电池

HV 蓄电池位于车身的底部或后部。普锐斯混合动力汽车的 HV 蓄电池位于车辆尾部行李厢内，如图 2-25 所示。

31

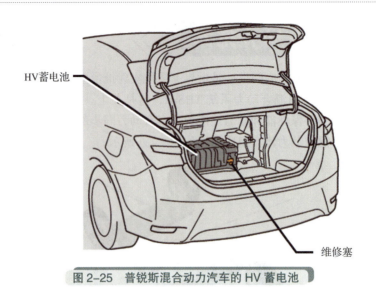

图 2-25 普锐斯混合动力汽车的 HV 蓄电池

普锐斯混合动力汽车 HV 蓄电池与用电设备之间的连接如图 2-26 所示。

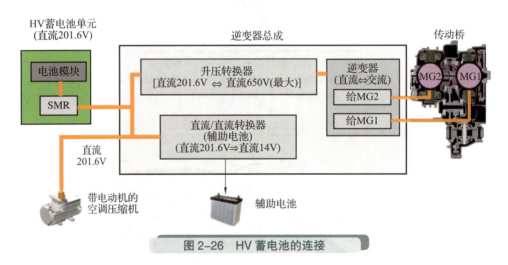

图 2-26 HV 蓄电池的连接

可以看出,HV 蓄电池和逆变器总成相连,进行直流电和交流电之间的转换,以满足充放电的要求。

(1) HV 蓄电池的作用

HV 蓄电池的主要作用如下。

1) 适当时机输出直流电驱动车辆。当车辆起步、HV 蓄电池电量较为充足时,HV 蓄电池输出直流电,通过逆变器总成转变为交流电,使驱动电动机 MG2 运转,通过电机减速行星组件减速后将动力传递给混合驱动桥总成,带动车辆行驶。

当车辆需要较大转矩运行时,发动机运转向外输出动力,同时 HV 蓄电池向外输出直流电,通过逆变器总成转变为交流电后使驱动电动机 MG2 转动以驱动车辆行驶。

当 HV 蓄电池电量降到一定程度时,输出直流电给逆变器总成,转变为交流电后,驱动 MG1 运转使发动机起动。

2）储存一定的电能。当 HV 蓄电池电量降低到一定程度时，发动机运行，在驱动车辆行驶的同时通过 MG1 输出交流电，通过逆变器总成将交流电转变为直流电后对 HV 蓄电池进行充电。

当车辆制动时，制动能量回收系统会回收制动能量，将其转变为电能存储在 HV 蓄电池中。

3）驱动部分车身附件运转。HV 蓄电池能将电能输出给空调压缩机，驱动压缩机的电机转动使压缩机运转。

4）给低压蓄电池充电。HV 蓄电池还能够输出电能，经直流/直流（DC/DC）转换器后，将电压降低到 14V 左右对低压蓄电池进行充电，以保证低压蓄电池有足够的电能。

由于 HV 蓄电池组的存在，发动机工作在一个相对稳定的工况，汽车排放水平得到改善。丰田公司为第四代普锐斯车型提供了两种电池，即较为传统的镍氢电池和目前比较流行的锂离子电池。虽然这两种电池的材料不同，但在制造成本、电池性能、电池体积等方面比较相似。两款电池的输出电压相近，锂离子电池的输出电压为 207.2V，镍氢电池的则为 201.6V，所占的体积也相似，锂电池的体积约为 30.5m^3，镍氢电池的体积约为 35.5m^3。第四代普锐斯高配版车型使用了锂离子 HV 蓄电池，如图 2-27 所示。

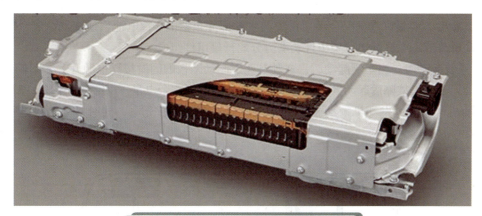

图 2-27 锂离子 HV 蓄电池

高配版车型使用的锂离子 HV 蓄电池由 56 个电池单体组成，能达到与 168 个镍氢电池单体组成的 HV 蓄电池类似的性能，而质量减少了 16kg。

低版本车型使用的镍氢 HV 蓄电池在上一代 HV 蓄电池基础上有所改良，相比于上一代 HV 蓄电池质量减少了 2.4%，体积缩小了 10%，充电速度则提升了 28%；依旧安装在后排乘客座椅下面，这样既增加了乘客舱空间，又可以有效降低车身中心，提升汽车的操控性。

（2）HV 蓄电池的工作模式

丰田汽车混合动力系统（THS II）通过按行驶条件最优分配发动机及 MG2 的驱动力，可进行顺畅的起步、加速，减速时 MG2 作为再生制动力而工作，给 HV 蓄电池充电。在 SOC 值下降或者 MG2 需要电能时，动力分离机构分配发动机动力，驱动 MG1 进行发电。

卡罗拉汽车混合动力系统的主要部件如图 2-28 所示。

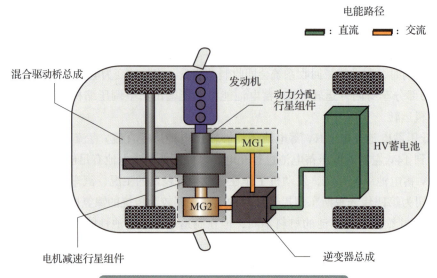

图 2-28 卡罗拉汽车混合动力系统主要部件

可以看出,卡罗拉汽车混合动力系统的主要部件包括 HV 蓄电池、逆变器总成、发动机、混合驱动桥总成、电机减速行星组件及动力分配行星组件组成。

1)系统起动时。当车辆起动时,驾驶员踩下制动踏板的同时按压电源开关,车辆 ECU 检测混合动力系统无故障后起动系统。如果此时 HV 蓄电池剩余电量(SOC)值下降,则由 MG1 起动发动机,然后由发动机带动 MG1 发电对 HV 蓄电池进行充电,同时对发动机进行预热,如图 2-29 所示。

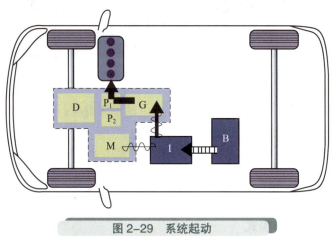

图 2-29 系统起动

P_1—动力分配行星齿轮;M—MG2;P_2—减速行星齿轮;
D—减速机;I—变频器;B—HV 蓄电池;G—MG1

在该模式下,HV 蓄电池向外提供电能,使发动机起动,当发动机起动后,HV 蓄电池又作为储能部件储存能量。

2)停车后的充电。停车过程中(位于 P 挡位),如果 SOC 值下降,则发动机起动,其动力驱动 MG1 进行发电,对 HV 蓄电池进行充电,如图 2-30 所示。

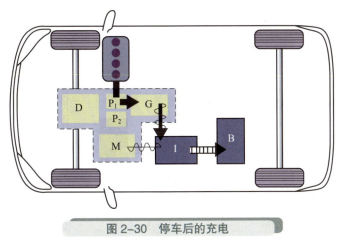

图 2-30 停车后的充电

P_1—动力分配行星齿轮；M—MG2；P_2—减速行星齿轮；
D—减速机；I—变频器；B—HV 蓄电池；G—MG1

该模式下，HV 蓄电池作为储能部件将机械能储存为电能。

3）起步/低负荷行驶。通常，起步时，车辆依靠 HV 蓄电池的电力驱动 MG2 行驶，当车辆在低速或缓坡等轻负荷工况下行驶时，发动机关闭，车辆以 MG2 驱动行驶，此时可提高整车油耗性能，如图 2-31 所示。

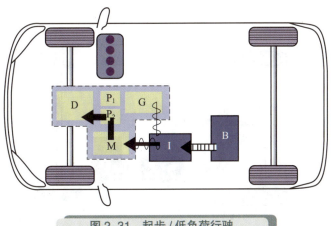

图 2-31 起步/低负荷行驶

P_1—动力分配行星齿轮；M—MG2；P_2—减速行星齿轮；
D—减速机；I—变频器；B—HV 蓄电池；G—MG1

该模式下，HV 蓄电池向外提供电能，转变为机械能驱动车辆行驶。

4）定速行驶。车辆定速行驶时，发动机动力被动力分离机构分为两个路径，一方面作为驱动力传递给车轮，另一方面驱动 MG1 进行发电，以驱动 MG2，辅助发动机动力，力求降低油耗，如图 2-32 所示。

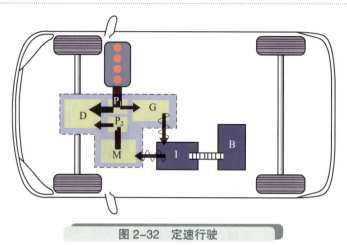

图 2-32 定速行驶

P₁—动力分配行星齿轮；M—MG2；P₂—减速行星齿轮；
D—减速机；I—变频器；B—HV 蓄电池；G—MG1

该模式下，HV 蓄电池在某些情况下向外提供能量，某些情况下又作为储能部件储存能量，具体作用要看动力需求情况。

5）加速行驶。车辆加速行驶时，ECU 控制发动机的动力输出加强，在把发动机的动力作为驱动力传递给车轮的同时，通过动力分离机构将发动机动力传递给 MG1 进行发电，与利用该电力和 HV 蓄电池电力的 MG2 驱动力一同辅助加速，如图 2-33 所示。

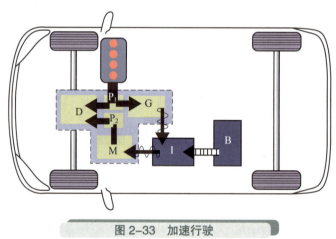

图 2-33 加速行驶

P₁—动力分配行星齿轮；M—MG2；P₂—减速行星齿轮；
D—减速机；I—变频器；B—HV 蓄电池；G—MG1

该模式下，HV 蓄电池向外输出电能，辅助发动机动力以驱动车辆行驶。

6）减速/制动。车辆减速时，从车轮传递的动力使 MG2 旋转进行发电，把动力转化为电能，回收到 HV 蓄电池中；制动时，为了得到与制动踏板操作量相应的制动力，与电子控制制动系统协调控制的同时确定能量的回收量，如图 2-34 所示。

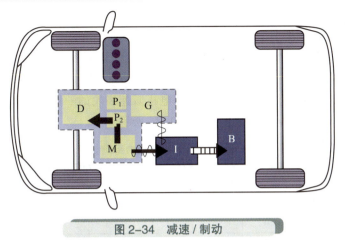

图 2-34　减速 / 制动

P_1—动力分配行星齿轮；M—MG2；P_2—减速行星齿轮；
D—减速机；I—变频器；B—HV 蓄电池；G—MG1

该模式下，MG2 发电对 HV 蓄电池进行充电。

7) 倒车行驶。倒车行驶时，HV 蓄电池的电力沿与前行时相反的方向驱动 MG2，使之翻转实现倒车，如图 2-35 所示。

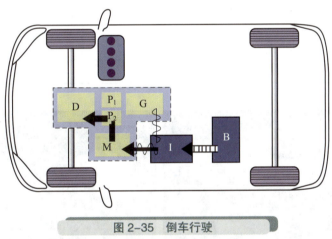

图 2-35　倒车行驶

P_1—动力分配行星齿轮；M—MG2；P_2—减速行星齿轮；
D—减速机；I—变频器；B—HV 蓄电池；G—MG1

该模式下，HV 蓄电池向外输出电能驱动车辆行驶。

2. 混合动力系统的主要构成部件与功能

丰田 Prius 的动力总成目前已经发展到第四代，本书主要针对前 3 代进行分析。Prius Ⅰ、Prius Ⅱ、Prius Ⅲ这 3 代之间除了外形方面的差别外，最主要的差别在于系统中动力组件的不断改进。Prius Ⅱ的动力组件与 Prius Ⅰ系统的相比，最大的差别在于其采用了升压逆变器及发电机最高转速的提高。Prius Ⅲ系统的特征主要为双电机、高压镍氢电池、动力分配机构、升压变压器（650V）、1.8L 高膨胀比循环发动机、冷却 EGR、加热管理系统、带减速机构的高速电机。在这些特征中，前4个方面与Prius Ⅱ基本相同（除了升压器电压不同），后3个方面则是新增内容，总成进一步小型化和高效化，提高了燃油经济性。另外，Prius Ⅲ的动力控制单元PCU（变流器+升压逆变器+DC/DC逆变器）和变速驱动桥（两个电机+动力分配机构+减速机构）的体积缩小，质量减小，实现了高效率。Prius Ⅱ和Prius Ⅲ动力系统参数对比如表2-3所列。另外，Prius Ⅲ通过动力分配机构和电机减速齿轮的一体化取代驱动传递链条，进一步实现了传动系统的小型化和轻量化，如图2-36所示。

表2-3 Prius Ⅱ和Prius Ⅲ动力系统参数对比

组成		Prius Ⅲ	Prius Ⅱ
发动机	排气量/L	1.8	1.5
	最高输出功率/kW	73	57
	最大转矩/（N·m）	142	115
电机	最高输出功率/kW	60	50
	最大转矩/（N·m）	207	400
	最高转速/（r·min^{-1}）	13 900	6 400
	最高电压/V	650	500
	齿轮减速比	2.636	无减速
电池	类型	镍氢	镍氢
	最高输出功率/kW	27	25
系统	最高输出功率/kW	100	82

(a) (b)

图2-36 Prius动力传动机构对比图

(a) Prius Ⅰ (b) Prius Ⅲ

Prius Ⅲ混合动力系统的主要构成部件与功能如表2-4所列。

表2-4　Prius Ⅲ 混合动力系统主要构成部件与功能

构成部件		功能
整车控制器		以点火开关、加速踏板开度、挡位、车速及其他各种传感器的信号为依据，计算符合运转状态的发动机、电机MG1、电机MG2的运动状态，对发动机ECU、电机控制器、升压逆变器、DC/DC转换器、电池管理系统、制动ECU发出控制要求，协调各系统高效、安全工作
2ZR-FXE发动机		采用阿特金森循环发动机，产生用于行驶的动力和用于发电的动力
混合动力总成	电机MG1	依靠发动机驱动发电，发动机起动时起到起动机的作用
	电机MG2	辅助发动机输出动力，提高汽车驱动力；起步时以电机MG2的动力行驶，减速时以发电机方式工作，实现制动能量回馈
	动力分配机构	把发动机的动力分成供给驱动轮的动力和驱动电动机MG1发电的动力两部分
	电机减速机构	使电动机MG2的输出减速增扭
动力控制单元	电机控制器	根据整车控制器发出的要求驱动变流器及升压逆变器，控制电动机MG1和电动机MG2，进行高压直流和三相交流的转换
	升压逆变器	实现电池DC 201.6V和电机直流母线DC 650V间的电压转换
	DC/DC转换器	把高压直流降为14V，给附件及附件电池供电
电池		起步或加速时给MG2供电，储存MG1发出电能和减速时MG2发出的回馈电能
系统主继电器		通过整车控制器发出的信号，进行电池高压回路的连接和断开
电池管理系统		把电池的状态信号发送给整车控制器，控制电池冷却风扇的风量
电机系统冷却水泵		通过循环水冷却变流器、升压逆变器、DC/DC转换器及电机
电池冷却风扇		保持电池适当的工作温度
加速踏板传感器		检测加速踏板开度，并向整车控制器发送
变速杆位置传感器		检测挡位，并向整车控制器发送
纯电动驱动模式开关		切换到只靠电动机MG2驱动的EV模式下的行驶状态
PWR模式开关		把车辆行驶模式切换为动力模式
ECO模式开关		把车辆行驶模式切换为经济模式
发动机ECU		根据整车控制器发出的要求来控制发动机系统
制动ECU		制动时计算电动机MG2的制动力矩，发送给整车控制器，同时控制油压制动力；TRC或VSC工作时，向整车控制器发出要求的转矩值，控制驱动力
安全气囊ECU		碰撞时把安全气囊展开信号发送给整车控制器
组合仪表		用READY指示灯表示混合动力系统的起动状态；用EV驱动模式指示灯、PWR模式指示灯及ECO模式指示灯表示各模式的状态；系统发生异常时，根据具体的异常状态，发动机警报灯、总警报灯或充电警报灯亮灯
多信息显示器		显示混合动力系统的输出状态，显示系统故障信息

增程式电动汽车总体构造

增程式电动汽车（Ex-tended-Range Electric Vehicle，EREV）是当车载可充电储能系统（on-board Rechargeable Energy Storage System，RESS）能够提供电能时，以纯电动汽车模式运行，同时带有一个仅当RESS能量不足时起动工作的附加能量装置的车辆。增程式电动汽车是当前电动汽车主要的发展方向。它的出现是为了迎合纯电动汽车续航里程短的问题，其除了配备传统的动力电池组外，还配备有发电机组（即增程器）。增程器主要由发动机、发电机、控制系统及变频器组成。通过消耗传统的燃油发电来对汽车行驶过程中的电能进行补偿，或对动力电池组进行充电。其主要包括大容量蓄电池、热机+发电机组合、燃料电池系统等。增程式电动汽车的典型结构如图2-37所示。

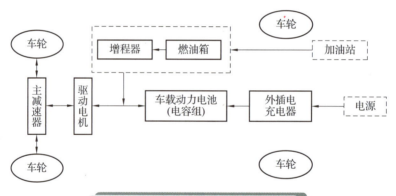

图2-37 增程式电动汽车的典型结构

3.1 增程式电动汽车的工作模式

通常情况下，增程式电动汽车的动力电池存储了足够的电量，这时驱动电动机的动力来源主要是动力电池。在一定的行驶时间范围内，增程式电动汽车的行驶特性与纯电动汽车的相同，真正实现了"零油耗，零污染，零排放"。当动力电池的SOC值下降到某一设定下限值后，车载发电机组（增程模式）开始工作，继续延长其续航里程。增程式电动汽车主要有以下3种工作模式。

（1）纯电动模式

汽车通过充电桩或者使用普通家用电源插座为动力电池充电，在动力电池的使用容量范围内一直以纯电模式行驶，这时其与普通的纯电动汽车没有本质区别。

（2）混合动力模式

增程式电动汽车完全依赖于增程器（发电机组）来提供电能，动力电池组只用于储存能量、车辆起步、加速上坡及汽车制动时能量回收等，与插电式混合动力汽车的原理基本相同。

（3）增程式工作模式

车辆优先使用外部设备提供的电能，当电池 SOC 值降到一定值时，再使用车载发电机组提供的电能继续行驶，实现了延长车辆行驶里程的目的。

通过对增程式电动汽车的 3 种工作模式的分析，可以看出增程式电动汽车和纯电动汽车、串联式混合动力汽车（非插电式）有着明显的不同，在能源紧缺、纯电动汽车技术发展遭遇瓶颈的时代，增程式电动汽车无疑是最具发展前途的。

3.2 增程式电动汽车与传统混合电动汽车的区别

一般来说，纯电动汽车的能量全部来源于电池，现在为了满足汽车整体性能要求和使用需求，电池技术的瓶颈严重限制了纯电动汽车的发展。而增程式电动汽车能够在车载动力电池电量不足时，启用增程器，有效弥补电池电力不足导致的行驶里程不足问题。增程式电动汽车无论是在纯电动模式还是增程模式下，其车轮始终由电机驱动，而传统的混合电动汽车工作在混合动力模式下，其车轮由发动机和发电机共同驱动，这个过程则需要很好的动力耦合。

另外，增程式电动汽车必须工作在串联式混合动力模式，而传统的混合电动汽车不仅可以工作在串联式混合动力模式，而且可以工作在并联式或者混联式混合动力模式，单独从使用性能看，增程式电动汽车在设计之初就要考虑动力电池与驱动系统的匹配问题，才能很好地满足性能要求。而传统的混合动力汽车因为发动机也参与驱动的缘故，对电池与电机驱动系统的匹配要求就没有那么高。

3.3 增程式电动汽车的优缺点

增程式电动汽车的优点如下。
1）可以纯电动模式运行，所需电池容量小，造价低且不会发生缺电抛锚现象；
2）可以插电式模式运行，在混合动力基础上进一步提高节油率；
3）电池充电功率小，不必建设大型充电设施；
4）电池充放电可以浅充浅放，有利于延长电池寿命；
5）具有外接充电方式，能利用夜间的低价低谷电充电；
6）结构简单，电机直驱，易于维修与保养，易于实现产业化；
7）节能：发动机一直处于最佳工作状态，效率高，排放量小；
8）减排：综合节油率高，现有技术可节油 50% 以上。

增程式电动汽车的缺点如下。
1）需要同时安装两台电机、发动机、变速器；
2）同时配备控制电路、电池、传动系统、油路；

3）因为要控制两台电机和一台发动机，还有不同的工作模式，所以控制系统相对复杂；

4）混联式插电混合动力汽车车身总重较大，总体成本要高于其他类型的插电式混合动力汽车。

3.4 增程式电动汽车的未来的发展方向

增程式电动车具有较低的燃油消耗率，另外电池的容量相对较小，使得车辆低成本，因此在对增程式电动车的动力电池进行充电时可以选用小型的充电桩或者家用电源插座就可以，而不必采用更换电池的方法，节约了成本。

3.5 典型增程式电动汽车的构造

车和家的首款产品"理想智造ONE"搭载了一台1.2T发动机作为增程器进行发电，车辆驱动由两台电机负责，发动机并不参与其中，目前增程式电动汽车均采用这种动力形式，如图2-38所示。

图2-38　理想智造ONE

为了兼顾高速工况和较低的能耗水平，"理想智造ONE"采用了大容量电池+大功率电机+高功率增程器的动力组合。"理想智造ONE"的工作模式如图2-39所示。

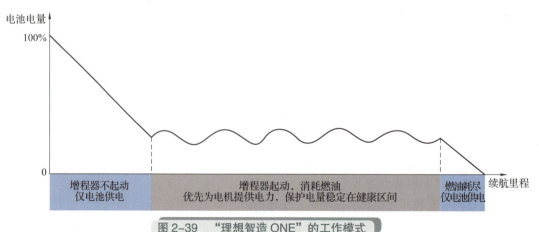

图2-39　"理想智造ONE"的工作模式

第三节 增程式电动汽车总体构造

在驱动模式上,"理想智造ONE"进行了一定的优化。当电池组电量充足时,驱动电机仅由电池进行供电。当电量降低到临界值时,车内增程器起动,消耗燃油发电,并优先为电机提供电力。如果此时增程器的发电功率可以满足车辆的动力需求,多余的电量则会进入电池储存,如图2-40所示。

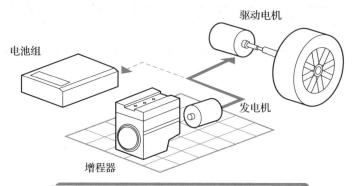

图2-40 "理想智造ONE"优先提供电力模式

在急加速或高速行驶时,仅靠增程器驱动会出现供电不足的情况,此时电池会输出部分电量协助驱动,如图2-41所示。当燃油也耗尽时,增程式电动汽车开始使用电池剩余电量供电。值得一提的是,如果要进行长时间的高速行驶,"理想智造ONE"驾驶员可以手动提高增程器介入的电池临界值,提高电池的介入强度,以避免出现动力不足和油耗偏高的问题。

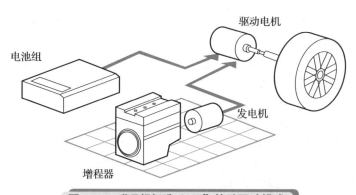

图2-41 "理想智造ONE"协助驱动模式

发动机只有在一定的转速区间才能表现出最佳油耗。在增程电动汽车中,发动机可以不受路况的影响,一直维持在转速恒定的高效区间工作,减少车辆加减速导致的油耗增加。在加减速较多的城市道路,这种优势尤为突出。另外,增程式电动汽车无离合器、变速器等机械装置,结构更加简单,维护相对容易。

燃料电池汽车总体构造

燃料电池汽车（Fuel Cell Vehicle，FCV）是一种用车载燃料电池装置产生的电力作为动力的汽车。车载燃料电池装置所使用的燃料为高纯度氢气或含氢燃料经重整所得到的高含氢重整气。与通常的电动汽车比较，其动力方面的不同在于燃料电池汽车用的电力来自车载燃料电池装置，通常的电动汽车所用的电力来自由电网充电的蓄电池。因此，燃料电池汽车的关键是燃料电池。

由于燃料电池是通过电化学反应将化学能转化为电能，需要一定的反应时间，为使燃料电池汽车在起动时间、加速性等驾驶性能上达到或接近传统内燃机汽车，目前，电电混合动力（燃料电池+二次电池）技术已成为国际上电动汽车动力技术的发展趋势，已开发的燃料电池轿车和城市客车均采用二次电池作为辅助电源，避免起动、加速等致使燃料电池系统过快加载导致性能急速衰减。我国目前研发的燃料电池轿车和城市客车均采用燃料电池+锂离子电池的混合动力模式。

从目前锂离子电池的能量密度考虑，国际上比较认可的是仅使用锂离子电池作为单一动力源的电动轿车，合理的续航里程在160km以内。一种技术方案是，超出250km续航里程要求的电动汽车只采用混合动力模式，利用小型内燃机或燃料电池作为锂离子电池的在线充电源。如果要求纯电动，其在线充电源选择燃料电池。锂离子电池+燃料电池的电电混合动力模式应该是电动轿车的理想动力源。采用这种动力模式，一般蓄电池所储电能保证汽车行驶50~80km，通过燃料电池在线充电，总续航里程可超过500km，和传统内燃机汽车相当。采用锂离子电池+燃料电池电电混合动力模式，可以利用电网夜间低谷电进行充电，降低使用成本，基本能满足日常上下班使用需要；长距离行驶时，燃料电池可以在线为蓄电池充电，可明显增加车的续航里程。由于燃料电池可在线为锂离子电池充电，蓄电池可尽可能保持在理想工作状态，显著增加蓄电池的使用寿命；同时燃料电池也可保持稳态运行，有效延长燃料电池的使用寿命。

燃料电池汽车的基本结构如图2-42所示。

图2-42 燃料电池汽车的基本结构

第四节　燃料电池汽车总体构造

可以看出，燃料电池汽车车身、底盘等结构和传统汽车类似，但是燃料电池汽车没有传统汽车的发动机、油箱等结构，取而代之的是燃料电池堆、高压氢罐、电动机、超大容量电容机（一般采用锂离子电池）及其附属器件等。

4.1 燃料电池动力总成

1. 动力总成

燃料电池动力总成包括氢罐总成、超大容量电容机（蓄电池总成）、燃料电池堆总成、动力输出系统总成等。其中，氢罐一般放置于底盘的中部，或后排座椅的下方空间（传统内燃机轿车的油箱位置），将氢罐分散存储。除了燃料电池动力总成外，对汽车制动总成、前后悬架总成及轮胎等方面也应作相应的调整和测试。特别是随着轮毂电动机技术的发展，燃料电池汽车在电动机的放置问题上有了新的选择，汽车内部空间增大了。而各电动轮的驱动力也可直接控制，提高恶劣路面条件下汽车的行驶性能。对于底盘布置，应把绝大多数的负载均匀分配在底盘的前后端，降低车辆的总体重心，使汽车具有良好的操控性能，并改善车辆的整体安全性。

2. 燃料电池

燃料电池是将燃料的化学能转变为电能的装置，可以分为碱性燃料电池（Alkaline Fuel Cell，AFC）、磷酸燃料电池（Phosphoric Acid Fuel Cell，PAFC）、熔融碳酸盐燃料电池（Molten Carbonate Fuel Cell，MCFC）、固体氧化物燃料电池（Solid Oxide Fuel Cell，SOFC）、质子交换膜燃料电池（Proton Exchange Membrane Fuel Cell，PEMFC）、直接甲醇燃料电池（Direct Methanol Fuel DMFC）等类型。图2-43为质子交换膜燃料电池的工作原理。

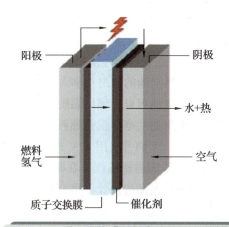

图2-43　质子交换膜燃料电池的工作原理

质子交换膜燃料电池是一种燃料电池，在原理上相当于水电解的"逆"装置。其单电池由阳极、阴极和质子交换膜组成，阳极为氢燃料发生氧化的场所，阴极为氧化剂还原的场所，两极都含有加速电极电化学反应的催化剂，质子交换膜作为电解质。工作时，其相当于直流电源，其阳极为电源负极，阴极为电源正极。

燃料电池在产生电能时，内部参加反应的反应物质不断地消耗参与反应，由于其不可重复使用性，需不间断地继续输入反应物。燃料电池在其反应稳定后，需要不断地提供燃料而将化学能转变为电能，放电特性连续，但不可反复充电使用。燃料电池以氢燃料为主，氢燃料虽然没有任何污染，技术也相对成熟，但成本很高，另外在增加续驶时间等方面还要进一步加强，而且需要有庞大的基础设施配合，这些技术性工作在相当长时间内很难达到预期的效果，商业化比较困难。

4.2 管理系统

燃料电池汽车的动力系统一般由质子交换膜燃料电池、蓄电池、电机和系统控制设备组成。燃料电池所产成的电能经过 DC/DC 转换器、DC/AC 逆变器等的变换，带动电机运转，将电能转变为机械能，为汽车提供动力。一些关键部件（如质子交换膜燃料电池和蓄电池等）的热特性及传热性质与传统汽车有着很大的不同，为燃料电池汽车的水热管理提出了新的目标和要求。

4.3 电子控制

与传统汽车相同，电子控制技术在燃料电池汽车的发展中也起着越来越重要的作用。汽车的各种操纵系统向着电子化和电动化的方向发展，实现"线操控"，即用导线代替机械传动机构，如"导线制动""导线转向"等。现有的 12V 动力电源已满足不了汽车上所有电气系统的需要，42V 汽车电气系统新标准的实施，将会使汽车电器零部件的设计和结构发生重大的变革，机械式继电器、熔丝式保护电路也将随之淘汰。燃料电池的特性有其自身的特点：

1) 电压低，电流大。
2) 输出电流会随温度的升高而升高，输出电压会随输出电流的增大而下降。
3) 从开始输出电压、电流到逐渐进入稳定状态，停留在过渡带范围内的动态反应时间较长。正是由于以上特点，大多数电器和电机难以适应其电压特性，所以必须和 DC/DC 转换器和 DC/AC 逆变器配合使用，需要对燃料电池系统进行大量的功率调节以保证电压的稳定。

当燃料电池的输出功率大于汽车的需要时，多余的功率可对蓄电池进行充电，在动力系统起动时蓄电池可以给辅助系统提供电源；当燃料电池的功率不能满足汽车加速、爬坡时，蓄电池可提供附加功率，配合燃料电池共同使用。

所以，车辆可采用 42V 的辅助电源独立地为各种电子、电气设备提供电能。由于燃料电池汽车较传统内燃机汽车在驱动方式上有着本质的区别，所以在底盘布置、水热管理、电子控制等诸多方面的设计上也有着很大的不同。

4.4 燃料电池的优点

燃料电池汽车具有以下优点：
1)"零排放"或近似"零排放"；
2) 减少了机油泄漏带来的水污染；
3) 降低了温室气体的排放量；
4) 提高了燃油经济性；
5) 提高了发动机燃烧效率；
6) 运行平稳，无噪声。

第三章 动力电池及电池管理系统

动力电池概述 1

1.1 电动汽车动力电池的作用

18世纪30年代，电动汽车开始兴起。20世纪初，电动汽车的销量一度占到了市场份额的30%~50%。但是由于电动汽车本身续航和充电问题成为掣肘其发展的主要因素，同时燃油价格不断下调，而福特T型车的兴起使燃油车辆大行其道。

随着科技发展和环保要求，电动汽车现又开始焕发青春。电动汽车动力电池（以下简称动力电池）技术得到长足发展，使得电动汽车大规模使用成为可能。

动力电池是电动汽车的动力源，是能量的储存装置，是为电动汽车日常行驶提供能量的唯一来源，是电动混合动力汽车的辅助能量来源，能够将电能输出转换为其他形式的能量，并驱动汽车行驶，如图3-1所示。它是电动汽车的核心部件之一，其性能直接关系到电动汽车的动力性能、续航能力，也与电动汽车和电动混合动力汽车的安全性直接相关。

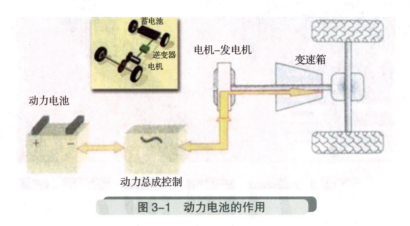

图3-1 动力电池的作用

1.2 动力电池的基本要求

作为电动汽车的主要能量来源，动力电池需要满足以下基本要求。

1. 能量密度大，比能量高

比能量指电池单位质量（或单位体积）所能输出的电能，单位是 Wh/kg（或 Wh/L）。比能量越高，电动汽车的续航里程就越大。为了提高电动汽车的续航里程，要求电动汽车动力电池的比能量要大。

2. 功率密度大，比功率高

电动汽车行驶过程中在加速工况或大负荷工况时，要求驱动电机有较大的输出转矩，大转矩的获得需要有较大的驱动电流来驱动电机转动，这就要求动力电池有足够的电流输出能力，从而满足电动汽车的加速行驶需求和一定的负载能力。

3. 充放电效率高，循环寿命长

充电时，动力电池需要外部或内部进行电能的补充，将电能转化为化学能储存起来；放电时，动力电池将自身的化学能转化为电能储存在电池内。为了能量得到有效的利用，需要较高的充放电效率。

动力电池需要不停地充放电，这就要求其具有较长的循环寿命。

4. 相对稳定性好

动力电池能够稳定地工作，理想的动力电池应不随剩余电量的变化而发生输出电压或输出电流的变化。

5. 成本低，使用寿命长

从电动汽车的成本构成看，电池驱动系统占据了新能源汽车成本的30%~50%，降低动力电池的成本意味着电动汽车的成本降低，同时，较长的使用寿命意味着较低的用车成本。

6. 安全性好，适应车辆运行环境

动力电池一般安装在车底或车侧面，在工作中其安全性对驾驶员和乘客的生命有着重要的意义，另外车在运行中的颠簸、道路环境的恶化等也对动力电池的安全有较高的要求。

总体看，提高功率密度、能量密度、使用寿命及降低成本一直是动力电池技术研发的核心。

1.3 动力电池的性能指标

1. 基本性能指标

动力电池的基本性能指标主要有电压、容量、内阻、功率、标称功率、自放电率等。

（1）电压

工作电压：电池在一定负载条件下实际的放电电压。例如，铅酸蓄电池的工作电压为1.8~2V，镍氢电池的工作电压为1.1~1.5V，锂离子电池的工作电压为2.75~3.6V。

额定电压：电池工作时公认的标准电压。例如，镍镉电池的额定电压为1.2V，铅酸蓄电池的额定电压为2V。

放电终止电压：放电终止时的电压值，通常与负载、使用要求有关。

充电电压：外电路直流电压对电池充电的电压。一般充电电压要大于开路电压。例如，镍镉电池的充电电压为1.45~1.5V，锂离子电池的充电电压为4.1~4.2V，铅酸蓄电池的充电电压为2.25~2.7V。

（2）容量

容量是指电池在充电以后，在一定放电条件下所能释放出的电量，单位为（Ah）。容量与放电电流大小有关，与充放电截止电压有关。一般采用额定容量和实际容量。

理论容量：根据参加电化学反应的活性物质电化学当量计算得到的电量。

额定容量：设计与制造电池时，按照国家或相关部门颁布的标准，保证电池在一定的放电条件下能够放出的最低限度的电量。

实际容量：电池在一定的放电条件下实际放出的电量。实际容量等于放电电流与放电时间的乘积。

（3）内阻

电池的内阻是指电池在工作时，电流流过电池内部所受到的阻力。内阻主要由电极材料、电解液、隔膜电阻及各部分零件的接触电阻组成，与电池的尺寸、结构、装配等有关。

（4）功率和标称功率

电池的功率是指电池在一定放电制度下，单位时间内输出的能量，单位为 kW。

标称功率也叫标称输出功率，是指在用电设备在正常使用的前提下能够长时间工作输出功率的最大值。

（5）自放电率与存储性能

所有化学电源，即使在与外界电路无任何接触的条件下开路放置，其容量也会自然衰减，这种现象称为自放电。电池自放电的大小用自放电率衡量，通常以单位时间内容量减少的百分比表示：

自放电率 =（储存前电池容量 − 储存后电池容量）/ 储存前电池容量 × 100%

2. 其他性能指标

除基本性能指标之外，动力电池的性能指标还有比能量（E）、能量密度（E_d）、比功率（P）、循环寿命（L）和成本（C）等。要使电动汽车能与燃油汽车相竞争，关键是要开发出比能量高、比功率大、使用寿命长、续航里程大的高效电池。

（1）比能量（E）

电池的比能量有两种。一种是质量比能量，用 Wh/kg 表示；另一种是体积比能量，用 Wh/L 表示。比能量的物理意义是电池为单位质量或单位体积时所具有的有效电能量。它是衡量电池性能优劣的重要指标。

必须指出，单体电池和电池组的比能量是不一样的。由于电池组有连接条、外部容器和内包装层等，故电池组的比能量总是小于单体电池的比能量。

（2）能量密度（E_d）

能量密度是指在一定的空间或质量物质中储存能量的大小。动力电池能量密度越大，储存同样多的能量时自身体积越小。

（3）比功率（P）

电池的单位质量或单位体积的功率称为电池的比功率，它的单位是 W/kg 或 W/L。如果一个电池的比功率较大，则表明在单位时间内，单位质量或单位体积释放的能量较多，即表示此电池能用较大的电流放电。因此，电池的比功率是衡量电池性能优劣的重要指标之一。

（4）循环寿命（L）

循环寿命也称为充放电循环寿命，是衡量电池性能的一个重要参数。一次充电和放电的过程，称为一次循环（或一个周期）。在一定的充放电制度下，电池容量降至某一规定值之前，电池能耐受的充放电次数，称为二次电池的充放电循环寿命。充放电循环寿命越长，电池的性能越好。

（5）放电率和放电深度

放电率是指放电的速率，常用"时率"和"倍率"表示。时率是指以放电时间表示的放电速率，即以一定的放电电流放完额定容量所需的时间。倍率是指电池在规定时间内放出额定容量所输出的电流值,数值上等于额定容量的倍数。

放电深度(Depth Of Discharge,DOD)是放电程度的一种量度,它是放电容量与总放电容量的百分比。

(6)荷电状态

荷电状态(State Of Charge,SOC)是指剩余电量与额定容量或实际容量的比例。这一参数是在电动汽车使用中十分关键却不易获取的数据。

2.1 动力电池的分类

动力电池从系统的角度可以分为化学电池、物理电池和生物电池三大类,如图3-2所示。

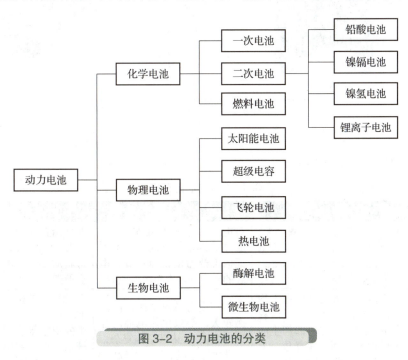

图3-2 动力电池的分类

化学电池是利用化学变化产生电能的装置,可以分为一次电池、二次电池和燃料电池三大类,其中,一次电池和二次电池可以统称为蓄电池。蓄电池适用于纯电动汽车,可以归类为铅酸蓄电池、镍基电池(镍氢及镍金属氢化物电池、镍镉及镍锌电池)、钠基电池(钠硫电池和钠氯化镍电池)、锂离子电池等类型。燃料电池专用于燃料电池电动汽车。物理电池是利用光、热、物理吸附等物理能量发电的电池,如太阳能电池、超级电容、飞轮电池等。这类电池技术不够成熟,应用较少。生物电池是利用生物化学反应发电的电池,如微生物电池、酶解电池等。

电动汽车一般采用二次电池作为动力电池,目前大多数电动汽车采用锂离子电池。

2.2 锂离子电池

锂离子电池是 20 世纪开发成功的新型高能电池。这种电池的负极是金属锂或锂合金,正极采用 MnO_2、$SOCl_2$、$(CF_x)_n$ 等,使用非水电解质溶液的电池;70 年代进入实用化。目前市场上热门的电动汽车用的绝大部分是锂离子电池。

锂离子电池性能比较高,电池能量密度大,平均输出电压高,自放电小,没有记忆效应,工作温度范围为 -20℃~+60℃,循环性能优越,可快速充放电(充电效率高达 100%),而且输出功率大,使用寿命长,没有环境污染,被称为绿色电池;但其价格高且高温下安全性能差。随着锂离子电池的正负极材料不断开发,技术不断成熟,锂离子电池将在电动汽车时代发挥主导作用。

根据外壳形状,电芯可以分为 3 类:圆柱形电芯、方形电芯及软包装电芯,如图 3-3 所示。

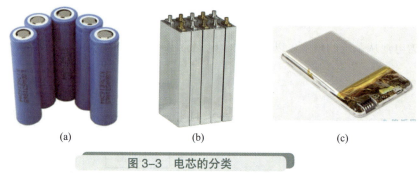

图 3-3 电芯的分类
(a)圆柱形电芯;(b)方形电芯;(c)软包装电芯

3 种电芯的优缺点如表 3-1 所示。

表 3-1 3 种电芯的优缺点

电芯结构	圆柱形	方形	软包装
优点	工艺成熟度高,生产效率高,过程控制严格,成品率级电芯一致性高,壳体结构成熟,工艺制造成本低	对电芯的保护作用高,可以通过减少单体电池的厚度保证内部热量的快速传导,电芯的安全性能有较大的改善	外部结构对电芯的影响小,电芯性能优良,封装采用的材料质量小,电池的能量密度最高
缺点	集流体上电流密度分布不均匀,造成内部各部分反应程度不一致;电芯内部产生的热量很难得到快速释放,累积会造成电流的安全隐患	壳体在电芯总重中所占的比例较大,导致单体电池的能量密度较低,内部结构复杂,自动化工艺成熟度相对较低	大容量电池密封工艺难度增加,可靠性相对较差;所采用的铝塑复合封装膜机的机械强度低,铝塑复合膜的寿命制约了电池的使用寿命

根据正极材料的不同,锂离子电池可以分成许多种类,主流应用的有钴酸锂电池、锰酸锂电池、磷酸铁锂电池及三元锂电池等。

1. 钴酸锂电池

钴酸锂电池结构稳定、容量比高、综合性能突出、电化学性能优越、加工性能优异、振实密度大、能量密度高,有助于提高电池体积比容量,产品性能稳定,一致性好,标称电压为3.7V。钴酸锂电池正极材料为钴酸锂聚合物,负极材料为石墨。钴酸锂电池的充放电特性如图3-4所示。

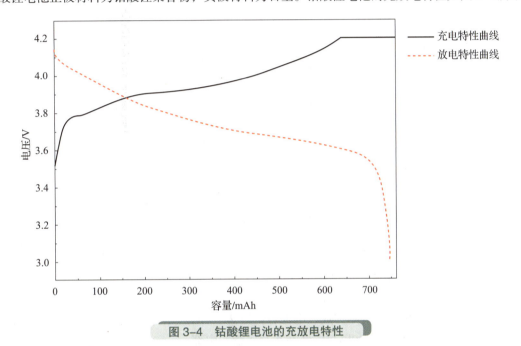

图3-4 钴酸锂电池的充放电特性

可以看出,钴酸锂电池充电时终止电压为4.2V;钴酸锂电池放电时,电压在3.6V以后会迅速下降,最小放电终止电压为2.75V左右。

特斯拉MODEL S动力电池的电池单体采用容量约2.2Ah的18650电池,69节并联组成一组,9组串联组成一层,由11层串联组成动力电池,动力电池的电压为375V左右,电量为53kWh,质量约为450kg,因此单体电池为6831节,一般充电时间为3~5h。

18650钴酸锂电池也有其弱点:首先,由18650钴酸锂电池组成的电池包,连同双电机和电控系统,至少占整车售价的60%~70%,成本较高;其次,其安全性、热稳定性差,遇到高温或者撞击会释放氧气及大量热。基于以上缺点,钴酸锂电池主要用于中小型号电芯,广泛应用于笔记本电脑、手机、MP3/MP4等小型电子设备中,电动汽车中只有特斯拉车型采用该类型动力电池。

2. 锰酸锂电池

锰酸锂电池是指正极使用锰酸锂材料的电池,相比钴酸锂等传统正极材料,锰酸锂具有资源丰富、成本低、无污染、安全性能好等优点。锰酸锂正极采用尖晶石型锰酸锂和层状结构锰酸锂，一般为 $LiMn_2O_4$，负极为石墨。其标称电压为 3.7V。锰酸锂电池的充放电特性如图 3-5 所示。

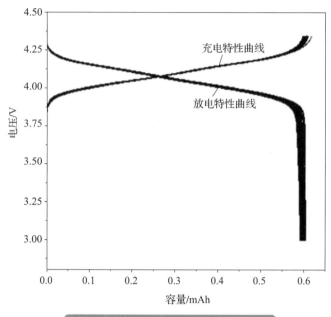

图 3-5　锰酸锂电池的充放电特性

如图 3-5 所示，锰酸锂电池充电时曲线较为平缓，充电终止电压为 4.2V 左右；放电时，电压低于 3.6V 时会迅速下降，放电终止电压为 2V。

东风日产启辰晨风车型采用的电池技术是目前市场上使用广泛的锰酸锂电池。该电动汽车的动力电池包由 192 块电池单体构成，电池容量为 24kWh，一般需要 4h 左右充满电，续航里程达到 175km，总质量小于 200kg，安装在车身底盘的中部。

锰酸锂电池材料本身并不太稳定，容易分解产生气体，因此多与其他材料混合使用，以降低电芯成本，但其循环寿命衰减较快，容易发生鼓胀，高温性能较差，寿命相对短，主要用于大中型号电芯。

3. 磷酸铁锂电池

磷酸铁锂电池是指用磷酸铁锂（$LiFePO_4$）作为正极材料的锂离子电池。其标称电压为 3.2V，充电终止电压为 3.6V，放电终止电压为 2.0V。

$LiFePO_4$ 作为电池的正极，由铝箔与电池正极连接，中间是聚合物的隔膜，它把正极与负极隔开，但是允许锂离子通过而不允许电子通过，右边是由碳（石墨）组成的电池负极，由铜箔与电池的负极连接。电池的上下端之间是电池的电解质，电池由金属外壳密闭封装。

该电池在充电时，正极中的锂离子通过聚合物隔膜向负极迁移；在放电过程中，负极中的锂离子通过隔膜向正极迁移。锂离子电池就是因锂离子在充放电时来回迁移而命名的。磷酸铁锂电池以 0.5C（电池容量）充放电时的特性如图 3-6 所示。

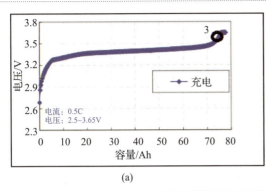
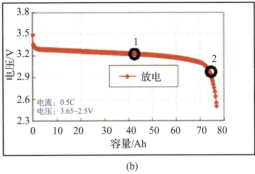

(a)

图 3-6　磷酸铁锂电池充放电特性

（a）磷酸铁锂电池充电特性；（b）磷酸铁锂电池放电特性

由图 3-6（a）可以看出：如果在 2.6V 时开始充电，初期电压上升速度较快，迅速上升到 3.3V 左右，随后慢慢增加，直到其充电终止电压 3.6V 左右。

由图 3-6（b）可以看出：如果在 3.5V 时开始放电，初期电压下降速度很快，迅速下降到 3.3V 左右，随后慢慢下降，直到 2.6V 左右。

相比较其他形式的锂电池，磷酸铁锂电池有以下优点：安全性能好，相比普通锂电池安全性有大幅改善；寿命长，循环寿命达到 2 000 次以上；高温性能好，热峰值可达 350℃～500℃；工作温度范围宽广，为 -20℃～+75℃；容量较大，相比普通电池（铅酸等）有更大的容量；无记忆效应，电池可随充随用；质量小，同等规格容量的磷酸铁锂电池的体积是铅酸电池体积的 2/3，质量是铅酸电池的 1/3；环保。北汽 EV160 采用了磷酸铁锂电池。

磷酸铁锂电池也有其缺点，例如，低温性能差，正极材料振实密度小，等容量的磷酸铁锂电池的体积要大于钴酸锂电池等锂离子电池，即能量密度低，因此在微型电池方面不具有优势；而用于动力电池时，磷酸铁锂电池和其他电池一样，需要面对电池一致性问题。

4. 三元锂电池

三元锂电池具有容量高、成本低、安全性好等优异特性，其在小型锂离子电池中逐步占据一定的市场份额，并在动力锂离子电池领域具有良好的发展前景。

三元锂电池是指正极材料使用镍钴锰酸锂（Li（NiCoMn）O_2）三元正极材料的锂电池，是最近几年发展起来的新型锂电池。三元锂电池正极以镍盐、钴盐、锰盐为原料，综合了钴酸锂、镍酸锂和锰酸锂三类材料的优点，存在三元协同效应，里面镍、钴、锰的比例可以根据实际需要调整。以三元材料做正极的电池相对于钴酸锂电池安全性高，同时在循环稳定性、热稳定性和安全性能上也有提高。在新能源汽车对动力电池能量密度提升的背景下，三元材料作为高容量密度正极材料有望进一步拓展其市场份额。三元材料具有价格优势，成为最具潜力的替代钴酸锂的正极材料。

三元锂电池的充放电特性如图 3-7 所示。

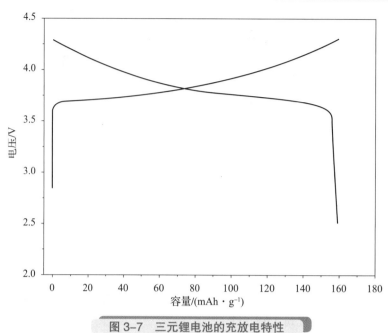

图 3-7 三元锂电池的充放电特性

由图 3-7 可以看出，三元锂电池的充电终止电压在 4.2V 左右，放电终止电压在 2.5V 左右。三元锂电池单体电池标称电压为 3.7V。

北汽 EV200 采用了三元锂电池，在续航里程、车机互联、性价比和安全方面都有较大提升，可实现综合工况下超过 240km 的续航里程，经济时速下甚至可达 260km。

以上 4 类锂电池的对比如表 3-2 所示。

表 3-2 4 类锂电池的对比

名称	钴酸锂电池	锰酸锂电池	磷酸铁锂电池	三元锂电池
标称电压/V	3.7	3.7	3.2	3.7
充电终止电压/V	4.2	4.2	3.6	4.2
放电终止电压/V	2.75	2	2	2.5
优点	结构稳定，容量比高，综合性能突出，电化学性能优越，加工性能优异，振实密度大，能量密度高	振实密度高，成本低	寿命长，充放电倍率大，安全性好，高温性好，元素无害，成本低	高低温、循环、存储及各项电性能都比较平均。体积比能量高，材料价格适中且性能稳定
缺点	安全性差，成本高	耐高温性差，长时间使用后温度急剧升高，电池寿命衰减严重	能量密度低，振实密度低，低温使用性差	耐高温性差，寿命短，大功率放电差，元素有毒
典型车型	特斯拉 ModelS	启辰晨风	北汽 EV160	北汽 EV200

2.3 镍氢电池

镍基电池可以分为镍氢及镍金属氢化物电池、镍镉及镍锌电池等。其中镍氢电池和镍镉电池应用较为广泛。

镍氢电池是20世纪90年代发展起来的一种新型绿色电池,具有高能量、长寿命、无污染等特点,因而成为世界各国竞相发展的高科技产品之一。20世纪60年代末,人们发现了一种新型功能材料——储氢合金。储氢合金在一定的温度和压力条件下可吸放大量的氢,因此该类合金称为"吸氢海绵"。其中有些储氢合金可以在强碱性电解质溶液中反复充放电并长期稳定存在,从而成为一种新型负极材料,镍氢电池在此基础上发展而来了。

镍氢电池的单体电池的标称电压为1.2V,丰田普锐斯第一代车型、第二代车型和第三代车型都采用了镍氢电池作为动力电池,如图3-8所示。

图3-8 第三代丰田普锐斯用镍氢电池组

1. 镍氢电池的优缺点

镍氢电池比功率高,其储备电量比镍镉电池多30%,有较大的充放电电流,无污染、安全性好、技术成熟、综合性好,比镍镉电池轻,使用寿命长。基于以上优点,80%以上的混合动力汽车采用镍氢电池。

镍氢电池也有相应的缺点,例如,价格比镍镉电池高,性能比锂电池差,有轻度的记忆效应,高温环境下性能差等。"记忆效应"是指电池在充电前,电池的电量没有被完全放尽,久而久之将会引起电池容量的降低,在电池充放电的过程中(放电较为明显),电池极板上会产生些许小气泡,日积月累这些气泡减少了电池极板的面积,也间接影响了电池的容量。

2. 镍氢电池的基本原理

镍氢电池正极的活性物质为NiOOH(放电时)和$Ni(OH)_2$(充电时),负极的活性物质为H_2(放电时)和H_2O(充电时),电解液采用30%的氢氧化钾溶液。

充电时的电化学反应如下:

正极:$Ni(OH)_2 - e^- + OH^- \rightarrow NiOOH + H_2O$

负极:$M + H_2O + e^- \rightarrow MH + OH^-$

总反应:$M + Ni(OH) \rightarrow MH + NiOOH$

放电时的电化学方程式如下:

正极:$NiOOH + H_2O + e^- \rightarrow Ni(OH)_2 + OH^-$

负极:$MH + OH^- \rightarrow M + H_2O + e^-$

总反应:$MH + NiOOH \rightarrow M + Ni(OH)$

从方程式看出:充电时,负极析出氢气,储存在容器中,正极由氢氧化亚镍变成氢氧化镍(NiOOH)和H_2O;放电时,氢气在负极上被消耗掉,正极由氢氧化镍变成氢氧化亚镍。

镍氢电池的充电特性如图3-9所示。

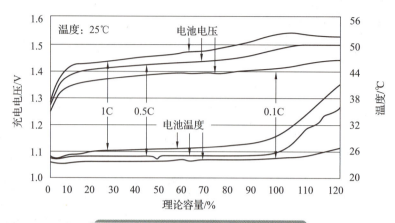

图3-9 镍氢电池的充电特性

可以看出，充电时不同的充电电流对充电特性有很大的影响，主要原因是充电电流不同，使电池温度变化，导致电池充电特性的差异。一般的充电终止电压为1.4V左右。

镍氢电池的放电特性如图3-10所示。

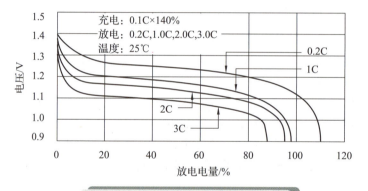

图3-10 镍氢电池的放电特性

可以看出，放电时，不同的放电电流对放电特性有很大的影响，主要原因是放电电流不同，使电池温度发生变化，导致电池放电特性产生差异。可以看出，一般的放电终止电压在0.9V左右。

丰田普锐斯动力电池为全封闭的镍氢（Ni-MH）电池，该单体电池由阳极（金属合金）、阴极（氢氧化镍）、电解质（20%氢氧化钾溶液）组成，一个单体镍氢电池的额定电压为1.2 V；能量密度约80 Wh/kg，无记忆效应。第三代普锐斯整个动力电池电压为直流244V左右，最低不能低于168V，位于行李箱内后排座位下，如图3-11所示。

图3-11 丰田普锐斯动力电池组

丰田普锐斯动力电池组也称为 HV 电池，主要由电池模块、电池管理系统、HV 接线盒总成、HV 电池冷却风扇等组成，如图 3-12 所示。

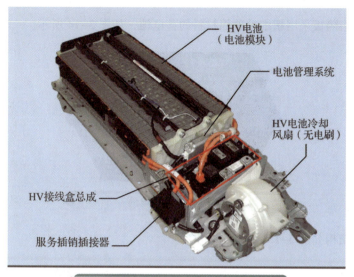

图 3-12　普锐斯动力电池组的结构

普锐斯动力电池由一个或多个单体电芯并联再串联组合而成，称电池模块（包）；每个电池模块串联起来形成动力电池总成。

电池模块由 34 个分模块组成。每个分模块电压为 7.2V，每个分模块由 6 个单元电池组成，每个单元电池电压为 1.2V；电池管理系统主要对电池状态、剩余电量、温度等进行监测。

2.4　胶体电池

国内现在有些较低端的低速电动汽车依然采用铅酸蓄电池。其缺点是质量小，充电、放电性能较差，循环寿命短，对环境的污染严重，在强烈的碰撞下易爆炸，因此用传统铅酸电池作为动力电池逐渐会被淘汰。

随着科技的发展，一种改进型的铅酸蓄电池出现了，即在电解液中加入某些物质使电解液变成胶态，这种电池称为胶体电池。胶体电池的单体电池电压一般为 2V。胶体电池的结构如图 3-13 所示。

类似于传统铅酸蓄电池，胶体电池采用平板式极板作为正、负极板，极板上有特殊铅膏，电解质为胶体电解质，无液体分层，不需要均衡充电。

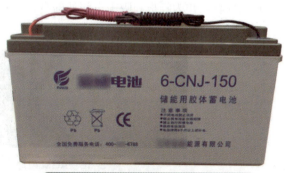

图 3-13　胶体电池的结构

胶体电池相比传统的铅酸电池有如下优点：首先，制造工艺与铅酸电池完全一样，成本低；其次，容量比传统铅酸电池大，电池寿命延长；再者，抗极板硫酸盐化能力强，硫酸改性后对板栅的腐蚀性要小得多，因此胶体电池也应用在一些低成本、低速电动汽车上。

2.5 AGM 电池

AGM 电池是指隔板采用超细玻璃棉材料的蓄电池，如图 3-14 所示。

图 3-14　AGM 电池

AGM 电池的结构如图 3-15 所示。

图 3-15　AGM 电池的结构

AGM 电池使用纯硫酸水溶液作为电解液，其密度为 $1.29\sim1.32\text{g/cm}^3$。除了极板内部吸一部分电解液外，大部分电解液存在于玻璃纤维膜之中，如图 3-16 所示。可以看出，内部采用了超细玻璃棉材料作为隔板和吸附电解液的材料。

图 3-16　AGM 电池内部的超细玻璃棉

为了给正极析出的氧提供通向负极的通道，AGM 电池采用了贫液式设计，便于隔膜保持 10% 的孔隙而不被电解液占有。为了使极板充分接触电解液，极板采用紧装配的方式。

另外，为了保证电池有足够的寿命，极板应设计得较厚，正板栅合金采用 Pb-Ca-Sn-Al 四元合金，并普遍采用压铸工艺提高合金的耐蚀性，设计寿命在 20 年以上，比普通铅酸电池提高 50%。

AGM 电池耐酸性高，吸附电解液能力更强，从而具有更小的内阻，电池的寿命得到有效延长，最重要的是其深度放电性能好，允许短时间频繁大电流放电。

现代化车辆的电气设备因其日益增长的能量需求，要求蓄电池提供更强大的电力。即使车辆停止不动，能量消耗也相当巨大。常规蓄电池与 AGM 电池有很大的区别：AGM 电池是密封的，电池盖上有排气阀，正常使用过程中，不需要补水；常规蓄电池是非密封的，打开注液盖可以看到电解液，使用中需经常补水。

与相同规格蓄电池相比，AGM 电池价格较高，但具有以下优点。

1）循环充电能力比铅钙电池高 3 倍，具有更长的使用寿命。
2）在整个使用寿命周期内具有更高的电容量稳定性。
3）低温起动更加可靠。
4）降低事故风险，减少环境污染风险（酸液 100% 密封装）。

AGM 电池一般用在轻混动车上，或用在带自动起停功能的车上，如奔驰 C 级车型，一般配备的是 AGM 电池和加强型电动机。

2.6 超级电容

超级电容（见图 3-17）又名电化学电容、双电层电容器、黄金电容、法拉电容，是从 20 世纪七八十年代发展起来的通过极化电解质来储能的一种电化学元件。

超级电容在充电 - 放电的整个过程中没有任何化学反应和高速旋转等机械运动，不存在对环境的污染，也没有任何噪声，结构简单，质量小，体积小，是一种更加理想的储能器。在混合动力汽车和电动汽车停车时，由外接电

图 3-17 超级电容

源向超级电容充电使电容集聚大量的电荷，然后在电动汽车行驶时放电，向驱动电动机提供电能。超级电容能够实现快速充电，在极短时间内即可完成充电。

超级电容的突出优点是功率密度高、充放电时间短、循环寿命长、工作温度范围宽。超级电容可以弥补现阶段锂离子电池在功率密度等方面的不足。目前，它已经应用于军事、新能源汽车及各种机电设备中。

我国研发的动力电池产品居国际先进水平，电池产业基础雄厚，但需要解决一些薄弱环节。由于容量有限，体积较大，因此超级电容一般作为电动汽车的辅助电源。2015 年，装配了超级电容组的储能式现代电车在宁波下线，在全球属于首创。亮相的是一辆两节 18m 长的超级电容储能式快速公交车和两辆 12m 长的超级电容储能式公交车。上述纯电动公交车无须架设空中供电网，只需在公交站点设置充电桩，在乘客上下车 30s（12m 长的车）或 45s（18m 长的车）内，即可把电充满并维持运行 5km 以上；而在制动和下坡时，又可以把 80% 以上的制动能量转换成电能回收存储起来再使用。同样的运行情况下，它比没有回收能力的电动汽车可节约最高一半的电能。

动力电池的结构

3.1 动力电池的参数

电动汽车动力电池也称为电池包,是由很多个单体电池封装在一起形成的。单体电池数量庞大,因此需要有效、合理的封装形式,通过串联、并联等形式来提高电压或增加容量。

北汽 EV200 和北汽 EV160 新能源汽车采用的电池分别为 SK 30.4kWh 和 PPTS-25.6kWh 的电池,其性能参数如表 3-3 所示。

表 3-3 北汽 EV200 和北汽 EV160 动力电池的性能参数

型号	SK-30.4kWh	PLFP-25.6kWh
额定电压	332V	320V
电芯容量	91.5Ah	80Ah
额定能量	30.4kWh	25.6kWh
连接方式	3P91S	1P100S
电池系统供应商	BESK	PPST
电芯供应商	SKI	ATL
BMS 供应商	SK innovation	E-power
总质量	291kg	295kg
总体积	240L	240L
工作电压范围	250~382V	250~365V
能量密度	104 Wh/kg	86Wh/kg
体积比能量	127Wh/L	107Wh/L

北汽 EV200 采用的电池为三元锂电池,每个单体电池的额定电压为 3.65V,共由 273 块单体电池组成。北汽 EV160 采用的电池为磷酸铁锂电池,每个单体电池的额定电压为 3.2V,共由 100 个电池单体组成。

在电池内部,一定数量的单体电池组成一个电池模块,单体电池之间的连接方式有并联(P)和串联(S)两种。北汽 EV200 采用 3 片单体电池并联组成一个电池模块,如图 3-18 所示。而北汽 EV160 采用 1 块单体电池组成一个电池模块,并联的目的是增加电池模块的容量,而电压不变。

一定数量的电池模块通过串联组成一个电池模组，串联的目的是提高模块的电压。例如，北汽 EV160 采用 10 个电池模块串联组成一个电池模组，因此每个电池模组的电压为 3.2V×10=32V，如图 3-19 所示。

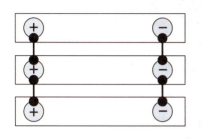

图 3-18　北汽 EV200 电池模块的结构

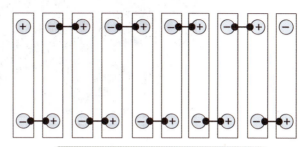

图 3-19　北汽 EV160 电池模组的结构

北汽 EV160 电动汽车的电池模组如图 3-20 所示。

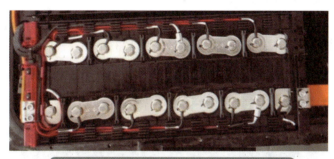

图 3-20　北汽 EV160 电动汽车的电池模组

对于北汽 EV160 电动汽车，10 个电池模组串联组成了一个动力电池包，因此电池包的电压为 32V×10=320V，容量和单体电池的容量相同。北汽 EV160 动力电池包的组成如图 3-21 所示，实物如图 3-22 所示。

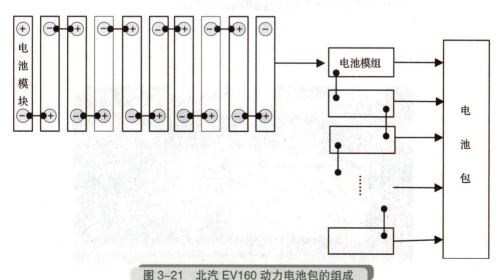

图 3-21　北汽 EV160 动力电池包的组成

图 3-22 北汽 EV160 动力电池包实物

3.2 动力电池的结构

动力电池一般安装于整车下部或后部。例如，北汽 2015 款 EV160 电动汽车动力电池通过 10 个螺栓和车身连接，安装在整车下部，外观如图 3-23 所示。

图 3-23 动力电池的外观

北汽 EV160 动力电池外部有两个接口，即高压电线接口和通信接口，如图 3-24 所示。

图 3-24 动力电池的接口

动力电池壳体上还贴有两类标签,一类标签为电池信息标签,用于标示电池的一些信息,如图3-25所示。

由图3-25可以看出,该电池为磷酸铁锂电池,额定电压为320V,额定能量为25.6kWh,质量为293kg,型号为PLFP-019-080-320。

另一类标签为电池高压警示标签,用于标示电池内部为高压,提示操作员操作时注意安全,如图3-26所示。

图3-25 电池信息标签

图3-26 电池高压警示标签

北汽EV160动力电池主要由两大部分组成,即电池管理系统和电池本体部分。其中,电池管理系统相当于动力电池的神经中枢,主要对电池状态进行检测,对电池电量等进行管理。电池本体部分主要由动力电池模组、动力电池箱体及辅助元器件等部分组成,如图3-27所示。

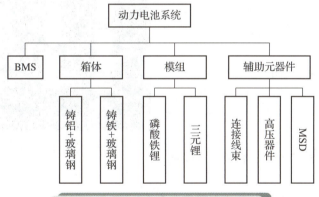

图3-27 北汽EV160动力电池的组成

打开上盖后的动力电池如图3-28所示。

图3-28 打开上盖之后的动力电池

（1）动力电池箱体

动力电池箱体主要起到保护动力电池的作用，因此要求箱体坚固、防水。箱体可以分为上箱体和下箱体。上箱体一般不会受到冲击，并且为了减轻质量通常采用玻璃钢材质。下箱体在整车的下部，防止路面磕碰等损坏动力电池，因此采用铸铁材质。上下箱体之间安装了定位装置以进行定位，并通过硅酮胶进行密封。

（2）动力电池组

北汽 EV160 电动汽车的动力电池组采用磷酸铁锂电池。

北汽 EV160 动力电池输出电压为 320V 左右，容量为 80Ah，额定容量为 25.6kWh。该电池由 10 个电池模组串联组成，每个模组由 10 个电池模块串联而成。

电池单体指构成动力电池模块的最小单元，一般由正极、负极、电解质及外壳等构成，可实现电能与化学能之间的直接转换。北汽 EV160 采用的磷酸铁锂电池单体电压为 3.2V。多个电池单体并联成一个电池模块。电池模块是电池单体在物理结构和电路上连接起来的最小分组，北汽 EV160 电池模块的额定电压与电池单体的额定电压相等，额定容量为 80Ah。电池模块串联组成电池模组，电池模组指多个电池模块或电池单体串联组成的一个组合体模组，如图 3-29 所示。

北汽 EV160 动力电池的电池模组电压为 32V，额定容量为 80Ah。10 个电池模组组成了一个动力电池，因此其电压为 320V，额定容量为 80Ah。

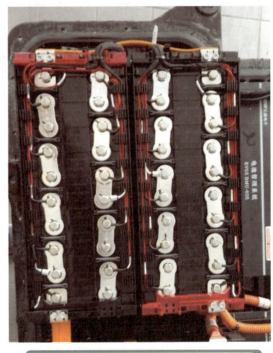

图 3-29　北汽 EV160 动力电池的电池模组

动力电池系统的额定电压、容量、总能量、质量比能量满足：

动力电池系统的额定电压 = 单体电芯额定电压 × 单体电芯串联数；

动力电池系统的容量 = 单体电芯容量 × 单体电芯并联数量；

动力电池系统的总能量 = 动力电池系统的额定电压 × 动力电池系统的容量；

动力电池系统质量比能量 = 动力电池系统总能量 ÷ 动力电池系统质量。

（3）电池管理系统

电池管理系统是电池保护和管理的核心部件，在动力电池系统中，它的作用就相当于人的大脑。它不仅要保证电池的安全可靠使用，而且要充分发挥电池的能力和延长使用寿命，作为电池和整车控制器及驾驶员沟通的桥梁，通过控制接触器控制动力电池组的充放电，并向整车控制器上报动力电池系统的基本参数及故障信息。北汽 EV160 电池管理系统硬件如图 3-30 所示。

第三节 动力电池的结构

图 3-30 北汽 EV160 电池管理系统硬件

电池管理系统的作用:通过电压、电流及温度检测等功能实现对动力电池系统的过电压、欠电压、过电流、过高温和过低温保护,继电器控制、SOC 估算、充放电管理、均衡控制、故障报警及处理、与其他控制器通信功能等功能;此外,电池管理系统还具有高压回路绝缘检测功能,以及为动力电池系统加热功能。

电池管理系统按性质可分为硬件和软件,按功能可分为数据采集单元和控制单元;其硬件有主板、从板及高压盒,还包括采集电压线、电流、温度等数据的电子元器件。电池管理系统的部分硬件如图 3-31 所示。

软件部分用来监测电池的电压、电流、SOC 值、绝缘电阻值、温度值,通过与整车控制器、充电机的通信来控制动力电池系统的充放电。

(4)辅助元器件

辅助元器件主要包括动力电池系统内部的电子电器元件及接口(如熔断器、继电器、分流器、插接件、烟雾传感器等)、维修开关及电子电器元件以外的辅助元器件(如密封条、绝缘材料等)。维修开关如图 3-32 所示。

图 3-31 电池管理系统的部件硬件

图 3-32 维修开关

3.3 动力电池的接口

下面以北汽EV160动力电池为例介绍动力电池的接口。动力电池前端有两个接口，如图3-24所示。

动力电池高压母线接口的作用：在动力电池放电时向外输出电能以使汽车及其附件工作；在动力电池充电时向动力电池内部输入电能，实现对动力电池的充电。

动力电池通信接口的作用是：将动力电池的信息与整车控制器（VCU）等进行通信，以实现对动力电池的管理并实时地掌握动力电池的状态。

高压母线接口如图3-33所示。

在图3-33中，1端子接电源负极，2端子接电源正极，中间为高压互锁端子。用万用表测量1端子和2端子，其应相互连通。

通信接口连接黑色通信线，通信接口如图3-34所示。

图3-33 高压母线接口

图3-34 通信接口

主要端子的作用如下。

B端子：电池管理系统供电正极；

C端子：唤醒信号；

F端子：继电器控制（负极）；

G端子：电池管理系统供电负极；

H端子：继电器供电正极；

J端子：继电器供电负极；

L端子：低压蓄电池正极；

N端子：新能源CAN屏蔽；

P端子：新能源CANH；

R端子：新能源CANL；

S端子：动力电池内部CANH；

T端子：动力电池内部CANL；

U 端子：快充 CANH；
V 端子：快充 CANL；
W 端子：动力电池 CAN 屏蔽。

电池管理系统

4.1 电池管理系统的功能

电动汽车未来将以二次电池作为主要动力来源，原因在于二次电池有高能量密度优势，所以性能较为稳定。然而二次电池大量生产时品质不易掌握，电池芯出厂时电量即存在差异，且基于操作环境、老化等因素，电池间不一致性将愈趋明显，电池效率、寿命也将变差，再加上过充电或过放电等情况，严重时可能导致起火燃烧等安全问题。

电池管理系统（见图3-35）通过检测电池组中各单体电池的状态来确定整个电池系统的状态，并根据它们的状态对动力电池系统进行对应的控制、调整和策略实施，实现对动力电池系统及各单体的充放电管理以保证动力电池系统安全、稳定地运行。

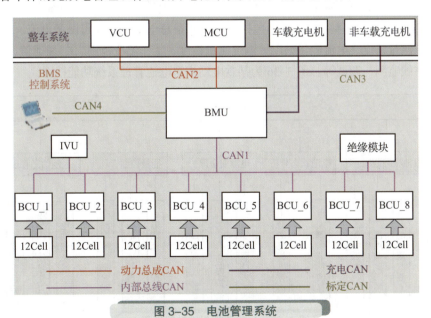

图3-35 电池管理系统

新能源汽车电池管理系统是一个复杂的系统。它必须具备实时监控并调整电池管理状态的能力,并可以与多个平行子系统同步协调工作。车辆实际行驶中,加速和减速总是在不停地交替进行着,所以电池管理系统必须能够接受动态信息反馈并不停地调整其监控管理方式。电池管理系统是动力电池的核心配件,主要功能如下。

1)监测电池组中各个单体电芯的健康状况;平衡各个电芯的性能;保证所有电芯都在额定工作范围内;当电芯被透支时,最大限度地保护电池组整体功能;为个别电芯充电提供接入方式。

2)在系统失控或失去联系时提供故障保护;在紧急状态下(如过载、火灾等)将电池隔离;在部分电芯失效时提供"应急行驶模式"。

3)监控电池温度,调整散热/保温器的工作状态,保证电池在最佳温度运行。

4)向系统和车主提供电池SOC信息(荷电状态)和SOH信息(健康程度);计算电池余量可行驶的里程。

5)为电池提供最佳充电流程,并设定合适的充放电比例,防止回收动能时对电池过度充电。

6)为起动车辆前的负载阻抗测试预留足够的电量,实现分阶段充电以限制涌流的发生。

7)适应车辆驾驶模式的变化,实时调整电池管理模式。

8)记录电池使用情况及使用历史。

9)获取并执行相关子系统给予的信息及命令。

电池管理系统通过通信接口与整车控制器、电机控制器、能量管理系统、车载显示系统等进行通信,整个工作过程大致如下:首先利用数据采集模块采集电池的电流、电压和温度等数据,然后将采集到的数据发送给主控模块,主控模块对数据进行分析和处理后,发出对应的程序控制和变更指令,最后对应的模块做出处理措施,对电池系统或电池进行调控,同时将实时数据发送到显示单元模块。

电池管理系统中的软件设计功能一般包括电压检测、温度采集、电流检测、绝缘检测、SOC估算、CAN(Controller Area Network,控制器局域网络)通信、放电均衡、系统自检、系统检测、充电管理、热管理等。整体的设计指标包括最高可测量总电压、最大可测量电流、SOC估算误差、单体电压测量精度、电流测量精度、温度测量精度、工作温度范围、CAN通信、故障诊断、故障记忆、在线监测与调试等。图3-36为某款电动汽车电池管理系统功能框图。

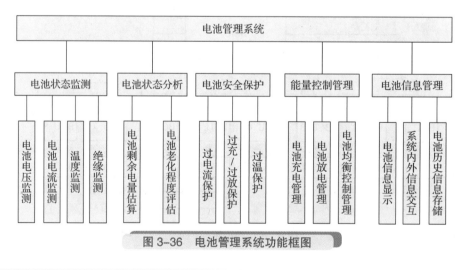

图3-36 电池管理系统功能框图

1. 电池状态监测

电池状态监测一般是指对电压、电流、温度和绝缘4种物理量的监测，温度监测除了需要监测电池自身温度外，还需要监测环境温度、电池箱温度等，这将对电池剩余容量的评估、安全保护等具有非常重要的意义。图3-37为仪表板显示的动力电池温度。

2. 电池状态分析

电池状态分析包括电池剩余电量估算（SOC）及电池老化程度评估（SOH）两部分。对于电动汽车，行驶过程中需要时刻了解剩余电量，从而估算出剩余行驶距离，以便于驾驶员进行充电，这就是电池管理系统剩余电量估算模块的功能。图3-38显示的为剩余电量估算。

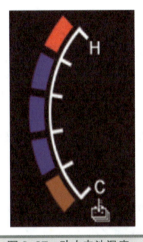

图3-37 动力电池温度

图3-38 剩余电量估算

电池老化程度评估是相对于出厂时来讲，电池所能装载的最大容量相对于出厂时的最大容量的比值，反映了电池的老化程度。SOH受动力电池使用过程中的工作温度、放电电流等因素的影响，需要在使用过程中不断对其进行评估和更新，以确保驾驶员获得更为准确的信息。

3. 电池安全保护

电池安全保护无疑是电动汽车电池管理系统的首要功能，内容包括过电流保护、过充/过放保护和过温保护。

过电流保护（有时也称为电流保护）指在充放电过程中，如果工作电流超过了安全值，则应该采取相应的安全保护措施，仪表上也会有相应的警告标识，如图3-39所示。

过充保护是指电池的荷电状态为100%时，为了防止继续充电造成的电池损坏而采取切断电池的充电回路的保护措施。过放保护是指电池的荷电状态为10%时，为了防止继续放电造成的电池损坏而采取切断电池的放电回路的保护措施。实际操作中，过充/过放保护有一种简单的实现方式，即设定充、放电的截至保护电压，即如果检测到的电池电压高于或者低于所设定的门限电压值，则及时切断电流回路以保护电池。

图3-39 动力电池故障

过温保护指当温度超过一定的限定值时，对动力电池采取保护性措施。

4. 能量控制管理

电池的能量控制管理包括电池的充电控制管理、电池的放电控制管理及电池的均衡控制管理。在电池的充放电过程中对电池的电压、电流等参数进行实时优化控制，优化的目标包括充放电时长、充放电效率及充电的饱满程度等。

电池的均衡管理是指采取一定的措施尽可能地降低电池不一致性的负面影响，以达到优化电池组整体放电效能、延长电池组整体寿命的效果。

5. 电池信息管理

电池运行过程中会产生大量的数据，这些数据有些需要在仪表显示，因此需要信息管理系统。其功能包括电池的信息显示、系统内外信息的交互及电池历史信息存储。

电池管理系统在硬件上可以分为主控模块和从控模块两大块，整体上看主要由数据采集单元（采集模块）、中央处理单元（主控模块）、显示单元、均衡单元检测模块（电流传感器、电压传感器、温度传感器、漏电检测）、控制部件（熔断装置、继电器）等组成。中央处理单元由高压控制回路、主控板等组成，数据采集单元由温度采集模块、电压采集模块等组成。一般采用 CAN 现场总线技术实现相互间的信息通信。

4.2 北汽 EV160 电池管理系统

1. 北汽 EV160 电池管理系统的工作原理

北汽 EV160 电池管理系统的工作原理如下：动力电池模组放置在一个密封并且屏蔽的动力电池箱里面，动力电池系统使用可靠的高压插接件与高压控制盒相连，然后输出的直流电由电机控制器转变为三相交流高压电，驱动电机工作；系统内的电池管理系统实时采集各电芯的电压、各温度传感器的温度值、电池系统的总电压值和总电流值等数据，时时监控动力电池的工作状态，并通过 CAN 线与整车控制器或充电机之间进行通信，对动力电池系统的充放电等进行综合管理。

2. 北汽 EV160 电池管理系统的组成

北汽 EV160 电池管理系统按性质可分为硬件和软件，其中，硬件主要包括主板、从板及高压盒，以及采集电压、电流、温度等数据的电子元器件；软件部分用于监测电池的电压、电流、SOC 值、绝缘电阻值、温度值，通过与整车控制器、车载充电机的通信来控制动力电池系统的充放电。

北汽 EV160 电池管理系统按功能分为数据采集单元和控制单元。数据采集单元主要包括低压控制盒（也称分控盒），控制单元主要包括主控盒和高压盒。除此之外，北汽 EV160 电池

第四节 电池管理系统

管理系统还包括辅助元器件。辅助元器件主要包括动力电池系统内部的电子电器元件（如熔断器、继电器、分流器、插接件、紧急开关、烟雾传感器等）、维修开关及电子电器元件以外的辅助元器件（如密封条、绝缘材料等）。各单元间通过CAN进行通信。北汽EV160电池管理系统的硬件结构如图3-40所示。

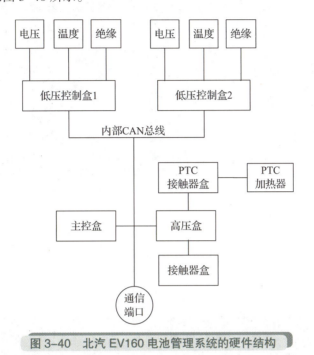

图3-40 北汽EV160电池管理系统的硬件结构

（1）分控盒和主控盒

北汽EV160的动力电池由10个电池模组组成，这些电池模组分成两组，每组5个电池模组，共用一个分控盒（见图3-41），电池模组将各自的电压、温度等信号传递给分控盒。

分控盒也称为低压控制盒，有3个接口，如图3-42所示，最左侧的线束接口连接主控盒，中间的线束接口用于绝缘监测，最右侧的线束接口连接各个传感器，用来进行电池电量估算、温度控制等。分控盒监控动力电池的单体电压、电池组的温度，主要功能：监控每个单体电压，监控每个电池组的温度，检测高压系统绝缘性能、电量（SOC）值，并将监测到的数据反馈给主控盒。

图3-41 分控盒

图3-42 分控盒

分控盒通过总线连接到主控盒,将各个电池的基本信息传递给主控盒。主控盒的位置如图3-43所示。

图3-43 主控盒的位置

主控盒接收分控盒传来的信息,同时,主控盒也是一个连接外部通信和内部通信的平台,主要功能如下:接收电池管理系统反馈的实时温度和单体电压(并计算最大值和最小值),接收高压盒反馈的总电压和电流情况,与整车控制器进行通信,与充电机或快充桩通信,控制正、负主继电器,控制电池加热,唤醒应答,控制充/放电电流等。主控盒外形如图3-44所示。

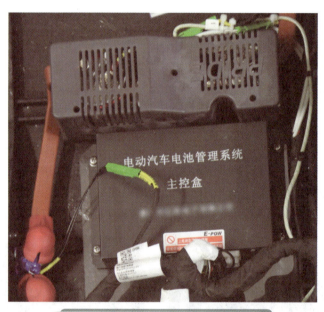

图3-44 主控盒外形

(2)高压盒

高压盒的线路连接到接触器盒,高压盒内部有继电器,用来控制接触器电流的通断,同时高压盒还将动力电池总电流监测信号转换成低压信号发送到总线上。高压盒在电池中和主控盒安装在一起。高压盒的外观如图3-45所示。

图 3-45 高压盒的外观

（3）接触器盒

电动汽车采用接触器控制动力电池的电流通断。在电池管理系统中，主接触器位于电池前端、主控盒的右侧，如图 3-46 所示。

接触器的工作原理和继电器的工作原理是一样的，用来实现电路的通断。继电器主要起信号检测、传递、变换或处理作用，通断的电路电流较小，一般用在控制电路中。接触器主要用于接通或断开主电路。打开接触器盒盖，可以看到接触器、熔断器等，如图 3-47 所示。

图 3-46 接触器盒

图 3-47 接触器

（4）辅助元器件

对于电动汽车动力电池管理系统，需要进行电压监测、温度监测等，因此需要有相应的传感器检测相应的信号。

图 3-48 所示为电压和温度监测信号线。其中，红色线为各个电池模块的电压检测线，黑色线为温度监测信号线。

图 3-48　电压和温度监测信号线

另外，出于安全考虑，在串联 10 个电池模组时，将其分成两组，其中 7 组串接在一起，剩余 3 组串接在一起，两组用一个 250A 的熔断器进行串联，如图 3-49 所示。

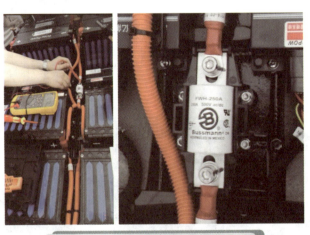

图 3-49　动力电池 250A 熔断器

该熔断器承受的最大电流为 250A，当动力电池出现故障或其他原因导致输入电流或输出电流变大后，该熔断器会烧断，从而断开电池模组的连接，使电路变成断路，保护车辆。

第四章
驱动电机及电机控制器

驱动电机概述

  驱动电机系统是纯电动汽车三大核心系统之一，是车辆行驶的主要执行机构，其特性决定了车辆的主要性能指标，直接影响车辆动力性、经济性和用户驾乘感受。

  驱动电机系统一般由电机、功率变换器和电子控制单元组成。电机是以磁场为媒介进行电能和机械能相互转换的电磁装置，在电动汽车驱动过程中作为电动机运行将动力电池存储的电能转换为机械能驱动车辆运行，在制动或减速过程中作为发电机运行将机械能转化为电能存储在动力电池中。功率变换器在电子控制单元的控制下输出特定的电压和电流调节电机的运行以产生所需的转矩和转速。能量变换过程中存在电能、机械能和磁场能量损失，这会影响能量转换效率，但是一般来说电机的能量转换效率要远远高于其他设备的能量转换效率。

相对于内燃机来说，电机的主要优势在于它可以在低速运行时提供较大的峰值转矩，并且可以短时间内提供额定功率2~3倍的瞬时功率，这些可以为车辆带来出色的加速性能，同时在减速或制动时还可以实现再生制动。

1.1 纯电动汽车对驱动电机的基本要求

纯电动汽车的驱动电机的运行与一般的工业应用不同，工况非常复杂，对驱动电机有很高的要求。

1）纯电动汽车用驱动电机应具有瞬时功率大、过载能力强（过载系数应为3~4）、加速性能好、使用寿命长的特点。

2）纯电动汽车用驱动电机应具有宽广的调速范围，包括恒转矩区和恒功率区。在恒转矩区，要求低速运行时具有大转矩，以满足起步和爬坡的要求；在恒功率区，要求低转矩时具有较高速度，以满足汽车在平坦路面能够高速行驶的要求。

3）纯电动汽车用驱动电机应能够在汽车减速时实现再生制动，将能量回收并反馈回动力电池，提高纯电动汽车的能量利用率。这是在内燃机汽车上所不能实现的。

4）纯电动汽车用驱动电机应在整个运行范围内具有高的效率，以提高单次充电续航里程。

5）纯电动汽车用驱动电机还应具有可靠性高、能够在恶劣环境下长期工作、结构简单、质量小、运行噪声低、维修方便、价格便宜等特点。

1.2 电机的分类和特点

在电驱动控制系统中，电机本体的多样化趋势已日趋明显。在各种电机类型中，适于电动汽车电驱动系统的主要有直流电机（DC Machine）、感应电机（Induction Machine）、永磁同步电机（Permanent Magnet Synchronous Machine，PMSM）及开关磁阻电机（Switched Reluctance Machine，SRM）。驱动电机又可以分为有刷和无刷两大类，如图4-1所示。与有刷直流电机相比，无刷电动机具有高效率、高功率密度、低运行成本、高可靠性、免维护等优点，因此无刷电机更受青睐。其中，永磁同步电机由于具有体积小、效率高、低速性能好、调速范围宽及运行可靠等优点，能够适应高性能电驱动控制系统的要求，得到越来越广泛的应用。目前永磁同步电机已成为高性能电驱动控制系统电机本体的主要选择。

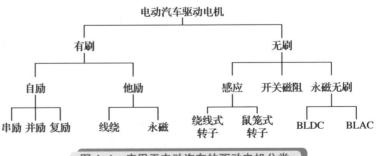

图4-1 应用于电动汽车的驱动电机分类

在20世纪80年代之前,电动汽车的原型机中多使用直流电机,其特性非常适合道路负载且控制简单。然而,体积大和需要维护的特点限制了直流电机在电动车乃至电机驱动领域的应用。无刷直流电机主要应用在微型低速电动汽车,如图4-2所示。

图4-2 无刷直流电机

现代电动汽车大多采用交流电机,包括感应电机、永磁电机和开关磁阻电机。其中,交流感应电机技术非常成熟,过去半个世纪在感应电机驱动方面进行了大量的研究和开发工作。由于三相交流感应电机的转子上没有永磁体,也无须换向器、电刷,因此感应电机具有结构简单、制造方便、成本低、可靠性好等优点,三相交流感应电机的控制也较为简单和成熟。三相交流感应电机可以仅用一个低成本的转速传感器,而不需要正弦型交流永磁同步电机中的较贵的位置传感器,进一步突出了成本优势。相对于永磁电机,三相交流感应电机的高速反电动势低,空转损耗小,也是汽车应用中的优点。但是,感应电机在汽车应用中的主要缺点是功率因数滞后,定子中有无功励磁电流,因而功率低(特别是在恒转矩区)。在驱动汽车的多变工况下,感应异步电机的效率会明显低于交流永磁同步电机的,低效率使得电机冷却成了挑战。另外,感应电机的转矩密度一般低于交流永磁同步电机的,难以实现小体积、轻量化。因此,尽管感应电机被广泛地应用于工业拖动领域中,但在汽车驱动中应用较少。

交流永磁电机是电驱动技术的一个重要选择。交流永磁电机转子上有永磁体,定子与感应电机的相同。转子上的永磁体可以表面贴装[称为表贴式永磁电机(Surface-mounted Permanent Magnet,SPM)],也可以插入转子内部[称为插入式永磁电机(Interior Permanent Magnet,IPM)]。永磁电机根据气隙磁场分布分为正弦波永磁电机和梯形波永磁电机,后者也被称作无刷直流电机。永磁电机的驱动器和感应电机的一样,都是六开关的逆变器,不过由于没有转差,控制要相对简单一些。稀土永磁材料的使用给永磁电机带来了更高的功率密度、更高的效率和更好的性能,但成本也相应增加了,而且对工作温度和负载条件有所限制,这是因为永磁体性能易受灰尘和湿气影响,随着时间的推移会发生退磁现象,导致转矩下降并增加发热量。此外,电机磁场调节受限,弱磁电流不可太大,以免对永磁体造成不可逆退磁。IPM具有比SPM更好的性能,内置式转子内的永磁体受到极靴的保护,其转子结构的不对称性所产生的磁阻转矩有助于提高电机的过载能力和功率密度,而且易于弱磁扩速,但磁路也更加复杂。

永磁同步电机主要应用于绝大多数电动汽车,具有结构简单、体积小、质量小、损耗小、效率高、功率因数高等优点,主要用于要求响应快速、调速范围宽、定位准确的高性能伺服传动系统和直流电机的更新替代电机,但控制较复杂,价格较高,如图4-3所示。其应用车型包括宝马I3、日产Leaf、雪佛兰Spark、本田Fit EV、丰田Pruis、北汽EV系列、比亚迪E系列、上汽荣威、奇瑞EQ、江淮IEV6、北汽福田等。

异步电机主要应用在个别电动汽车，如特斯拉，如图4-4所示。异步电机的优点是结构简单、成本低、比较坚固，容易做成高转速、高电压、大电流、大容量的电机，缺点是起动性和调速性较差。

图4-3　永磁同步电机

图4-4　异步电机

开关磁阻电机（SRM）也属于同步电机，它基于"磁阻最小原理"工作，即磁通沿磁阻的最小路径闭合。开关磁阻电机通过有序地开关定子绕组的电流，在定子极和转子极之间产生电磁力，即电磁转矩。这类电机的定子绕组和无重叠绕组交流同步电机的相似，而转子仅由叠片叠压而成，转子上既无绕组也无磁体，因此具有更高的转矩/惯性比和更高的转子工作温度。开关磁阻电机结构特别简单、坚固，制造容易，转子无冷却要求、成本低。相比于其他类型电机来说，开关磁阻电机的恒功率速度范围更宽，也更适合驱动应用。由于转子上无永磁体，该电机可用于极高转速。但是，开关磁阻电机用于汽车驱动的最大问题在于其固有的转矩脉动、振动和噪声。开关磁阻电机的转矩、功率密度与高效异步电机的相当。目前，该类电机在电动汽车电驱动领域中的应用还比较少。

开关磁阻电机主要应用于部分电动大客车，结构最为简单，如图4-5所示。电机上没有滑环、绕组和永磁体；转子无永磁体，可允许较高温升；转速较高，效率较交流异步电机高。

此外，借鉴传统汽车发电机设计，在微混电动汽车中也有改进型爪极电机使用实例。有刷爪极电机已在传统汽车发电机中得到了广泛的应用，因此将爪极电机应用于混合动力系统有助于利用成熟的设计和设备。改进型爪极电机已经在低成本的传送带驱动的微混合动力系统中得到了应用。爪极电机的励磁电刷系统可以去掉，变成无刷爪极电机，爪极电机也属于

图4-5　开关磁阻电机

同步电机。有刷爪极电机的定子绕组和三相交流电机的相似，其转子则有一个励磁线圈，用于控制励磁磁场强度。由于在高速时很容易实现弱磁，爪极电机的转速可以高达每分钟两万转。为了增加转矩和功率，混合动力的爪极电机经常在爪极之间镶上永磁体，成为永磁助磁爪极电机，这类电机已经在几款微混合动力系统中得到了较成功的应用。但是，由于爪极电机存在着转矩/功率密度低、效率低等固有缺点，不适合更加强化的电驱动系统。因此，在中、强混合动力以至纯电动汽车中，无法采用爪极电机。

1.3 驱动电机系统

驱动电机系统由电机控制器、驱动电机等组成,如图 4-6 所示。电机控制器通过 U、V、W 三相动力线给驱动电机供电,驱动电机通过信号线将电机转子位置信号及定子温度信号传给电机控制器。

电机控制器的电力来自动力电池,其通过 CAN 总线获知车辆当前的驾驶意图,根据驱动电机当前的状态,向电机输出驱动电力使其运转。驱动电机及控制器在工作过程中会发热,影响其正常工作,所以加装了冷却系统,由电动

图 4-6 驱动电机系统

水泵驱动,使冷却液在电机控制器与电机中循环冷却,再将热量带到散热器散发到大气中。

北汽 EV160 驱动电机采用永磁同步电机,驱动电机型号为 C33DB,具有效率高、体积小、质量小及可靠性高等优点。为保证电机工作温度稳定,需对驱动电机进行水冷冷却。由电动水泵推动冷却液循环,将热量从驱动电机、电机控制器中带到散热器进行散热。驱动电机的驱动电力来自电机控制器的 U、V、W 三相高压动力线束,额定工作电压为交流 340V。电机控制器的高压电力来自车辆底部的动力电池。北汽 EV160 驱动电机系统的参数如表 4-1 所示。

表 4-1 北汽 EV160 驱动电机系统的参数

驱动电动机		电机控制器	
类型	永磁同步	直流输入电压	336V
基速	2 812r/min	工作电压范围	265~410V
转速范围	0~9 000r/min	控制电源	12V
额定功率	30kW	控制电源电压范围	9~16V
峰值功率	53kW	标称容量	85kVA
额定转矩	102N·m	质量	9kg
峰值转矩	180N·m	防护等级	IP67
质量	45kg		
防护等级	IP67		
尺寸(定子直径 × 总长)	245mm × 280mm		

电机（见图4-7）是以磁场为媒介进行电能和机械能互相转换的电磁装置，在电动汽车驱动过程中作为电动机运行将动力电池存储的电能转换为机械能驱动车辆运行，在制动或减速过程中作为发动机运行将机械能转化为电能存储在动力电池中。

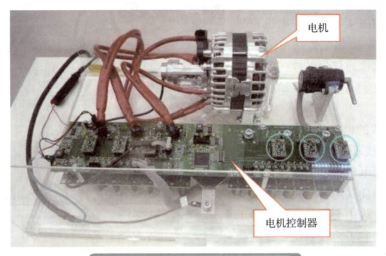

图4-7 电机

典型驱动电机介绍

众所周知，如果一条直的金属导线通过电流，那么导线周围的空间将产生圆形磁场，导线中流过的电流越大，产生的磁场越强。磁场呈圆形，围绕导线分布。磁场方向可以依据右手螺旋定则（又称安培定则）来确定，如图4-8所示。

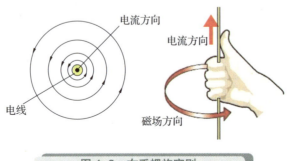

图4-8 右手螺旋定则

通电导体在磁场中所受的安培力方向用左手定则（又称电动机定则）确定：伸出左手，使拇指与其余四个手指垂直，并且在同一平面内，让磁感应线从掌心进入，并使四指指向电流的方向，这时拇指所指的方向就是通电导线在磁场中所受安培力的方向，如图4-9所示。

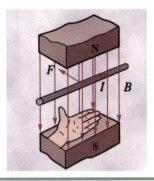

图4-9 左手定则

电机的基本工作原理如下：N、S为定子上固定不动的两个主磁极，主磁极可以采用永久磁铁，也可以采用电磁铁，在电磁铁的励磁线圈上通以方向不变的直流电流便形成具有一定极性的磁极，如图4-10所示。

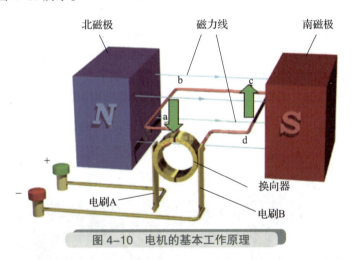

图4-10 电机的基本工作原理

2.1 直流电机

电枢铁芯由硅钢片层层叠加而成，磁轭是硅钢片垒叠制成的轭铁，它均匀对称分布在感应磁场的四周，它的作用是约束感应磁场漏磁向外扩散，提高感应磁场的磁通效率。通过磁轭，可以把通电线圈和永磁体产生的磁力线传到需要的地方，类似电路中导线的作用，从而在需要的地方产生磁场。直流电机的基本构造如图4-11所示。

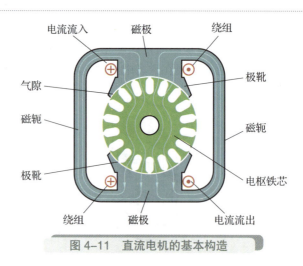

图 4-11 直流电机的基本构造

（1）机座

机座兼起机械支撑和导磁磁路两个作用。它既用来作为安装电机所有零件的外壳，又是联系各磁极的导磁铁轭。机座通常为铸钢件，也有采用钢板焊接而成的。

（2）主磁极

主磁极是一个电磁铁，由主磁极铁芯和励磁绕组两部分组成。主磁极铁芯一般用 1~1.5mm 厚的薄钢板冲片叠压后再用铆钉铆紧成一个整体。小型电机的励磁绕组用绝缘铜线绕制而成，大中型电机励磁绕组用扁铜线绕制，并进行绝缘处理，然后套在主磁极铁芯外面。整个主磁极用螺钉固定在机座内壁。组装好之后的直流电机的内部结构如图 4-12 所示。

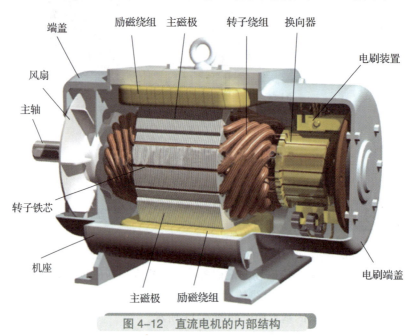

图 4-12 直流电机的内部结构

2.2 感应电机

感应电机是目前工业中应用十分广泛的一类电机,其特点是定、转子由硅钢片叠压而成,两端用铝盖封装,定、转子之间没有互相接触的机械部件,结构简单,运行可靠,耐用,维修方便。

转子绕组是自成闭路的短路线圈。转子绕组不需外接电源供电,其电流是由电磁感应作用产生的。它有两种结构形式:笼型转子(见图4-13)和绕组型转子。

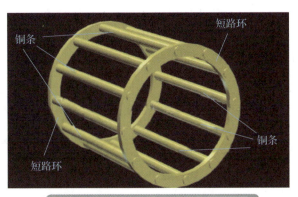

图 4-13 笼型转子

感应电机的工作原理:在装有手柄的蹄形磁铁的两极间放置一个闭合导体,对导体施加电动势 e 使其有电流 i 流过,则当以 n_0 转速转动手柄带动蹄形磁铁旋转时,发现导体受到力 f 以转速 n 也跟着旋转,若改变磁铁的转向,则导体的转向也跟着改变。如图4-14所示。

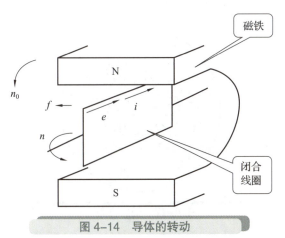

图 4-14 导体的转动

N—磁极 N 极;S—磁极 S 极;e—施加在导体上的电动势;i—导体内电流;n_0—磁极转速;
n—导体转速;f—通电导体在磁场内受到的力

图4-15所示为最简单的三相定子绕组 AX、BY、CZ,它们在空间按互差120°的规律对称排列,并接成星形与三相电源 U、V、W 相连。三相定子绕组通过三相对称电流,如图4-15所示。

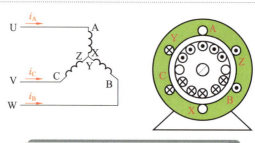

图 4-15 旋转磁场的产生

当 $\omega t=90°$ 时，i_C 为负，CZ 绕组中的电流从 Z 流入，从 C 流出；i_A 为正，AX 绕组中的电流从 A 流入，从 X 流出；i_B 为负，BY 绕组中的电流从 Y 流入，从 B 流出。由右手螺旋定则可得合成磁场的方向逆时针旋转了 90°，如图 4-16 所示。

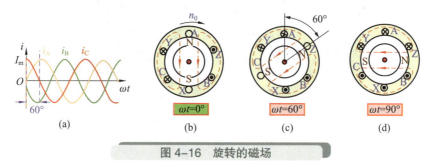

图 4-16 旋转的磁场

三相对称绕组通过三相对称电流产生圆形旋转磁场，磁场在旋转过程中切割转子绕组。根据右手定则，转子绕组产生图所示感应电流，再根据左手定则可知转子绕组在磁场作用下受电磁力作用，形成电磁转矩，驱动电机旋转，受力方向为逆时针方向，如图 4-17 所示。

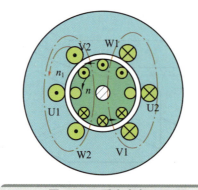

图 4-17 受力方向

2.3 永磁同步电机

永磁同步电机主要由机壳、定子和转子组成。定子包括定子铁芯和定子绕组，如图 4-18 所示。

图 4-18 永磁同步电机

永磁同步电机与普通三相交流异步电机的不同是转子结构，转子上安装有永磁体磁极。永磁体磁极外凸镶嵌在转子铁芯外侧，组成若干磁极对，如图 4-19 所示。一块永磁体有一个 N 极和一个 S 极。

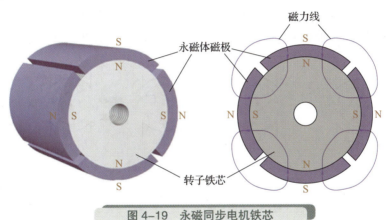

图 4-19 永磁同步电机铁芯

将转子和转轴做成一体，两端用轴承安装在机壳上，转子前端安装的散热风扇随轴转动，在定子绕组不断通电产生的磁场作用下，转子随定子产生的旋转磁场运转，如图 4-20 所示。

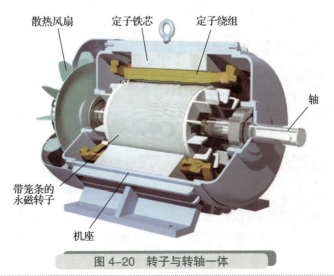

图 4-20 转子与转轴一体

永磁同步电机的工作原理如下：电机控制器输出频率和幅值可变的 U、V、W 三相交流电给电机而形成旋转磁场，电机通过位置传感器将电机转子当前的位置发送给电机控制器，以供控制器进行参考控制，如图 4-21 所示。

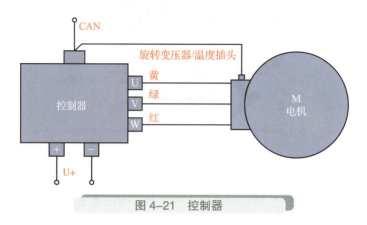

图 4-21 控制器

永磁同步电机定子的反电势波形和电流波形均为正弦波，并且保持同相，其可以获得与直流电机相同的转矩特性，而且能实现恒转矩的调速特性。电流波形的产生如图 4-22 所示。

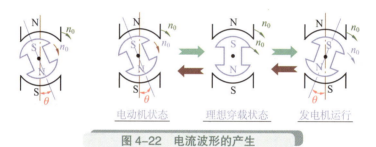

图 4-22 电流波形的产生

N—磁极 N 极；S—磁极 S 极；n_0—磁极转速；θ—转子转角

机壳中有冷却水道，电机端盖上有旋转变压器，如图 4-23 所示。

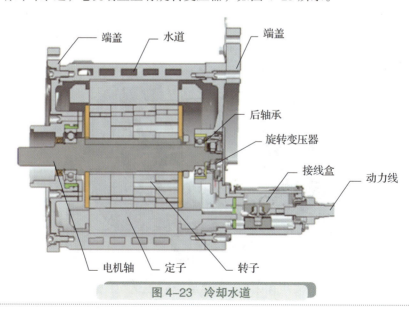

图 4-23 冷却水道

控制器解码后可以获知电机转速，定子上有两个温度传感器[见图4-24（a）]，埋设在定子绕组中，用于监测电机的绕组温度。控制器可以通过加速冷却风扇运转与降功率运行等措施保护电机以避免其过热。

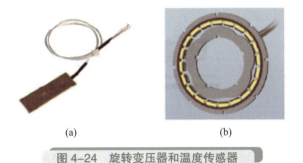

图4-24　旋转变压器和温度传感器

（a）温度传感器（PT1000）；（b）旋转变压器

旋转变压器[见图4-24（b）]是转子位置传感器，用于确定电机转子的位置，便于电机控制器输出正确相位和频率的电压以控制电机运转。旋转变压器转子安装在电机转子上，随其共同转动，旋转变压器定子安装在驱动电机后盖上。

从原理上看，旋转变压器相当于一台可以转动的变压器。当励磁绕组以一定频率的交流电压励磁时，输出绕组的电压幅值与转子转角成正弦、余弦函数关系，或保持某一比例关系，或在一定转角范围内与转角呈线性关系，如图4-25所示。

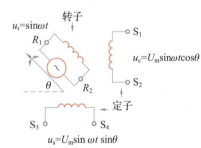

图4-25　旋转变压器工作原理

驱动电机系统的状态和故障信息会通过整车CAN网络上传给整车控制器（VCU），传输通道是两根信号线束，如图4-26所示。

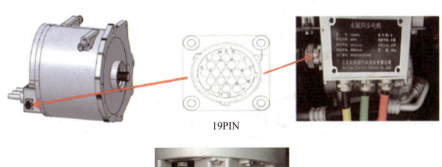

19PIN

图4-26　信号的输入

电机控制器

整车控制器（VCU）根据驾驶员意图发出各种指令，电机控制器接收到指令后进行响应并反馈，实时调整驱动电机输出，以实现整车的怠速、前行、倒车、停车、能量回收及驻坡等功能。

电机控制器的另一个重要功能是通信和保护，实时进行状态和故障检测，保护驱动电机系统和整车安全、可靠运行，如图 4-27 所示。

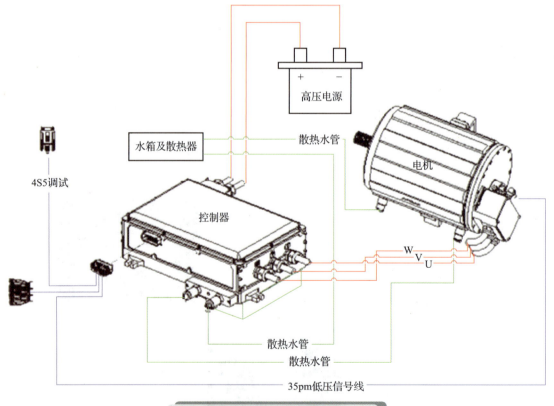

图 4-27　电机控制器的功能

由图 4-27 可以看出，电机控制器除了控制通过低压信号线获取驱动电机的转速、温度等信号，实施状态的监控，并能将电机运行状态进行判断，在必要的时候（例如超速状态）对驱动电机进行必要的措施以保护驱动电机，当接入诊断仪时，能够将驱动电机状态输出以判断是否有故障产生。由于驱动电机和电机控制器在工作中都产生大量热量因此需要冷却系统进行散热以保证以上部件在正常工作温度下运行。

3.1 电机控制器的结构

北汽 EV160 的电机控制器有大洋和大郡两种，功能和主要参数基本一致，这两种不同的电机控制器需要分别匹配各自的电机才能正常工作，如图 4-28 所示。

图 4-28 北汽 EV160 电机控制器
（a）大洋；（b）大郡

电机控制器的基本参数如表 4-2 所示。

表 4-2 电机控制器的基本参数

技术指标	技术参数
直流输入电压	336V
工作电压范围	265~410V
控制电源	12V
控制电源电压范围	9~16V
标称容量	85kVA
质量	9kg
防护等级	IP67
尺寸（长×宽×高）	403mm×249mm×140mm

电机控制器内部的很多电路板件和组件层层叠加，电机控制器主要由 IGBT 模块组件（在驱动板上）、屏蔽板组件、控制板组件、传感器支架组件、三相插接件、直流插接件等组成，如图 4-29 所示。

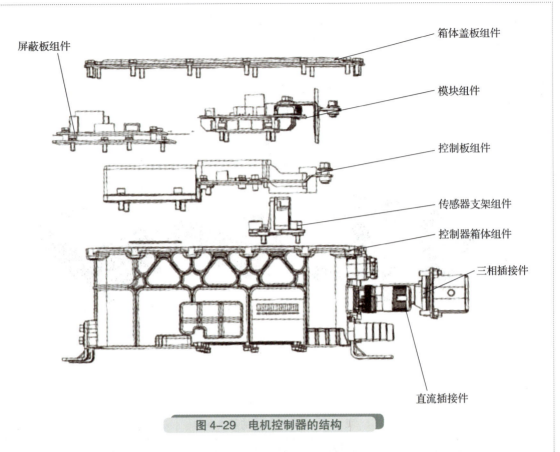

图4-29 电机控制器的结构

控制板在最上层,安装在屏蔽板上,下层是IGBT模块及驱动板,驱动板下方有散热片,最下层是冷却水道,冷却液流过散热片进行散热,如图4-30所示。

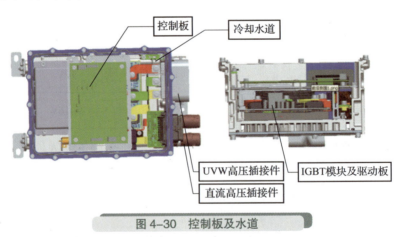

图4-30 控制板及水道

高压直流插接件与来自高压盒的高压直流母线相连接。UVW高压插接件与电机控制器的三相高压线连接,如图4-31所示。

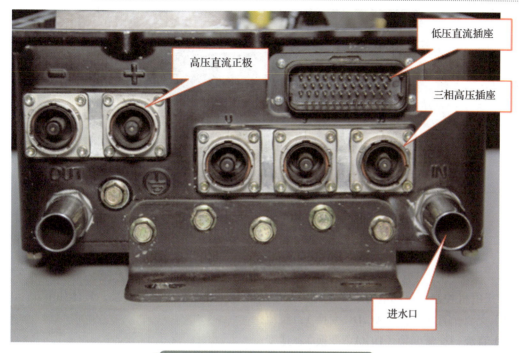

图 4-31 电机控制器插接件

水道的作用是通过冷却液的流动使 IGBT 模块及驱动板冷却散热,电动水泵驱动冷却液在电机、电机控制器与散热器之间循环流动。

3.2 电机控制器的工作原理

电机控制器中装有电流传感器、电路板、通信模块、IGBT 等部件。电流传感器用于监测电机工作的实际电流(包括母线电流、三相交流电流)。

电机控制器的主要功能包括:

1)与整车控制器通信;

2)监测直流母线电流;

3)控制 IGBT 模块;

4)监控高压线束连接情况;

5)反馈 IGBT 模块温度;

6)为旋转变压器传感器励磁供电;

7)对旋转变压器信号进行分析;

8)信息反馈。

以上主要功能是由控制板和接口电路来完成的,如图 4-32 所示。

图 4-32 电机控制器接口及电路

对于电机控制,每部电力电子电路的基本功能是实现电流形式的变换,具体如下。

1)交流—直流变换（AC/DC 变换）：整流；
2)直流—交流变换（DC/AC 变换）：逆变；
3)直流—直流变换（DC/DC 变换）：斩波；
4)交流—交流变换（AC/AC 变换）：变频。

1. IGBT

IGBT 是一种功率开关电力电子元器件。功率开关器件主要有 3 种,分别是不可控器件（如二极管）、半控型器件（如晶闸管）、全控型器件（如 IGBT）。IGBT 如图 4-33 所示。

图 4-33 IGBT

IGBT 驱动板的功能：

1)将信号反馈给电机控制器控制主板；
2)检测直流母线电压；
3)将直流电转换交流电及变频；
4)监测相电流的大小；
5)监测 IGBT 模块温度；
6)三相整流。

IGBT 模块共有 6 个 IGBT，分别为 V_1、V_2、V_3、V_4、V_5、V_6。其工作过程就像一个晶体管，可以开断很大的电压和电流。IGBT 如图 4-34 所示。

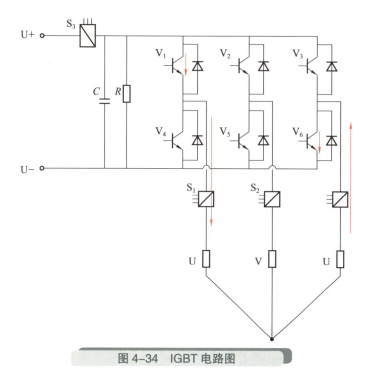

图 4-34　IGBT 电路图

当 U、V、W 三相在初始位置时，U 相电压位于零点，没有电压，W 相电压位于正电位的高位，V 相电压位于负电位的低位，W 相与 V 相之间有较大电位差。IGBT 工作原理如图 4-35 所示。

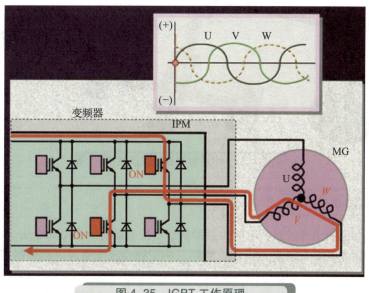

图 4-35　IGBT 工作原理

在电机控制工作时，放电电阻会一直消耗电能。放电电路如图 4-36 所示。

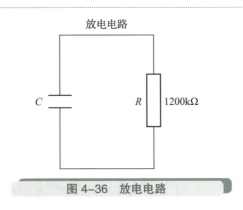

图 4-36 放电电路

2. 电机控制器的驱动模式

整车控制器根据车辆运行的不同情况[包括车速、挡位、电池 SOC（电量）值]来决定电机输出转矩/功率。当电机控制器从整车控制器处得到转矩输出命令时，将动力电池提供的直流电转化成三相正弦交流电，驱动电机输出转矩，通过机械传输来驱动车辆，如图 4-37 所示。

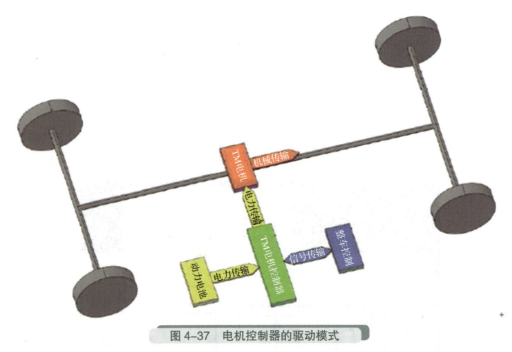

图 4-37 电机控制器的驱动模式

3. 电机控制器的发电模式

当车辆在滑行或制动的时候，电机控制器从整车控制器得到发电命令后，电机处于发电状态，此时电机会将车辆动能转化成电能，然后三相正弦交流电通过电机控制器转化为直流电，存储到电池中。

4. 电机控制器低压插件

低压插接件是电机控制器对外通信的通道，为 35 针插接件，如图 4-38 所示。

第三节 电机控制器

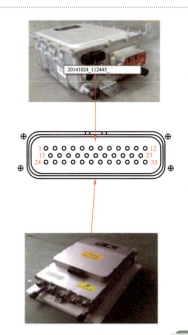

型号	编号	信号名称	说明
ANP 35针 C-776163-1	12	激励绕组R_1	电机旋转变压器接口
	11	激励绕组R_2	
	35	余弦绕组S_1	
	34	余弦绕组S_3	
	23	正弦绕组S_2	
	22	正弦绕组S_3	
	33	屏蔽层	
	24	12V_GND	控制电源接口
	1	12V+	
	32	CAN_H	CAN总线接口
	31	CAN_L	
	30	CAN_PB	
	29	CAN_SHIELD	
	10	TH	电机温度传感器接口
	9	TL	
	28	屏蔽层	
	8	485+	RS-485总线接口
	7	485-	
	15	$HVIL_1(+L_1)$	高低压互锁接口
	26	$HVIL_2(+L_2)$	

图4-38 低压插接件及其针脚定义

  动力电池的直流电通过高压盒提供给电机控制器,电机控制器上布置了两个高压连接插座,如图4-39所示。

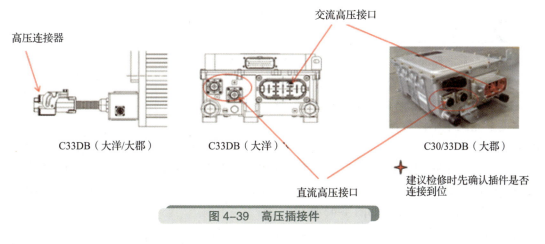

图4-39 高压插接件

5. 全波整流

  对半波整流电路作一些调整,可以得到一种能充分利用电能的全波整流电路。全波整流可看作由两个半波整流电路组合而成。变压器二次绕组中间需要引出一个抽头,把二次绕组分成两个对称的绕组,从而引出大小相等但极性相反的两个电压E_{2a}、E_{2b},构成$E_{2a}-D_1-R_{fz}$与$E_{2b}-D_2-R_{fz}$两个通电回路,如图4-40所示。

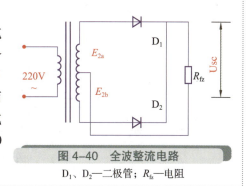

图4-40 全波整流电路
D_1、D_2—二极管;R_{fz}—电阻

在 0~π 时间内，E_{2a} 对 D_1 为正向电压，D_1 导通，在 R_{fz} 上得到"上正下负"的电压；E_{2b} 对 D_2 为反向电压，D_2 截止。

在 π~2π 时间内，E_{2b} 对 D_2 为正向电压，D_2 导通，在 R_{fz} 上得到的仍然是"上正下负"的电压；E_{2a} 对 D_1 为反向电压，D_1 截止。全波整流波形如图 4-41 所示。

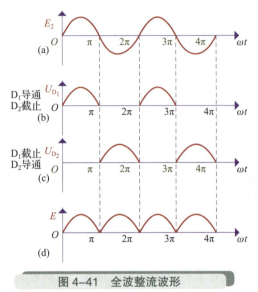

图 4-41 全波整流波形

E_2—发电机感应电动势；U_{D_1}—D_1 导通时半波整流电压；U_{D_2}—D_2 导流时半波整流电压；E—整流后全波整流电压

6. 桥式整流

桥式整流电路是使用最多的一种整流电路。这种电路中的二极管连接成"桥"式结构，具有全波整流电路的优点，同时在一定程度上克服了全波整流电路的缺点，如图 4-42 所示。

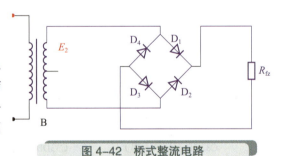

图 4-42 桥式整流电路

桥式整流电路的原理如下：E_2 波形为正半周时，对 D_1、D_3 施加正向电压，D_1、D_3 导通；对 D_2、D_4 施加反向电压，D_2、D_4 截止。电路中构成 E_2—D_1—R_{fz}—D_3 通电回路，在 R_{fz} 上形成"上正下负"的半波整流电压，如图 4-43 所示。

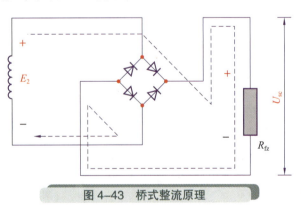

图 4-43 桥式整流原理

3.3 电机及控制器冷却系统概述

驱动电机与电机控制器在工作中会产生一部分热,天气炎热时需要对其进行强制散热,电动汽车一般采用的方法是水冷,即在电机控制器与驱动电机之中布置冷却水道,由电动水泵驱动冷却液使之循环将热量带到散热器进行散热。该冷却系统的状态形式与传统汽车的发动机冷却系统类似,如图4-44所示。

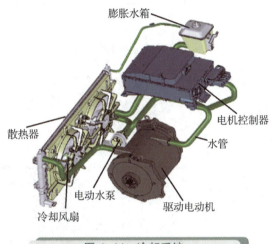

图4-44 冷却系统

1. 北汽EV160电机控制器冷却系统

北汽EV160纯电动汽车冷却系统的作用是对驱动电机及电机控制器进行冷却。冷却系统由电动水泵、电机控制器、驱动电机、散热器、冷却风扇、膨胀水箱和水管等组成,如图4-45所示。

图4-45 北汽EV160纯电动汽车冷却系统

膨胀水箱连接管与膨胀水箱底部相连,这个水管与膨胀水箱上部相连。膨胀水箱的作用是调节散热器内部压力及补充散热器液位。

电动水泵安装在车辆前部右下方,将散热器内部的冷却液加压后送到电机控制器冷却水套中,冷却液对电机控制器进行冷却后再流向驱动电机冷却水套,对电机进行冷却,冷却液最后从电机出水口流向散热器上部。

2. 北汽 EV160 电动水泵结构

冷却系统中冷却液流动的动力来自水泵。水泵盖（进水口与出水口）由6个螺栓与水泵体紧固连接，如图4-46所示。

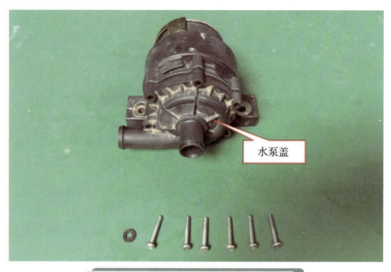

图4-46 水泵盖

电动水泵的结构如图4-47所示。电动水泵由电机带动水泵转子，依靠离心力吸入冷却液，再将其加速甩出，送往电机控制器与驱动电机。

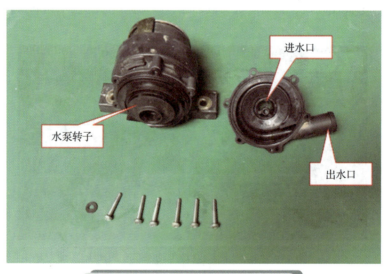

图4-47 电动水泵的结构

水泵转子与电机转子做成一体，水泵转子上有永磁体。电机转子与定子之间的气隙由塑料罩盖（见图4-48）隔离开，所以水泵转子处的冷却液无法进入电机定子线圈。

图 4-48 塑料罩盖

北汽 EV160 电动水泵的电机结构为直流无刷式,通过塑料罩盖将转子与定子隔离,转子套在塑料罩盖上的金属轴上。

3. 北汽 EV160 电机及控制器冷却系统控制策略

(1) 水泵控制

当起动车辆时,电动水泵开始工作(即仪表显示 READY)。

(2) 电机温度控制

当控制器监测到驱动电机温度在 45℃~50℃之间时,冷却风扇低速起动;

当温度大于 50℃时,冷却风扇高速起动;

当温度降至 40℃时,冷却风扇停止工作;

当温度在 120℃~140℃之间时,冷却风扇降功率运行;

当温度大于 140℃时,冷却风扇降功率至 0,即停机。

(3) 电机控制器温度控制

当控制器监测到散热基板温度大于 75℃时,冷却风扇低速起动;

当控制器监测到散热基板温度大于 80℃时,冷却风扇高速起动;

当控制器监测到散热基板温度降至 75℃时,冷却风扇停止工作;

当控制器监测到散热基板温度大于 85℃时,冷却风扇进入超温保护模式,即停机;

当控制器监测到散热基板温度在 75℃~85℃时,冷却风扇降功率运行。

第五章 整车控制系统

整车控制器概述

电动汽车整车控制器（VCU）是电动汽车整车控制系统的核心部件，用于采集电机控制系统信号、加速踏板信号、制动踏板信号及其他部件信号，根据驾驶员的驾驶意图综合分析并做出相应判断后，计算出车辆运行所需要的电机输出转矩等参数，从而协调各个动力部件的运动，保障电动汽车的正常行驶。此外，整车控制器可以通过充电和制动能量回收等实现较高的能量效率。在完成能量和动力控制的同时，整车控制器还监控下层的各部件控制器的动作，对汽车的正常行驶、电池能量的制动回馈、网络管理、故障诊断与处理、车辆状态监控等功能起着关键作用。作为电动汽车上全部电气的运行平台，整车控制器的性能直接影响其他电气性能的发挥，是整车性能的决定性因素之一。

1.1 整车控制系统的功能

整车控制系统由整车控制器、电机及其控制器、动力电池、电池管理系统、变速器、减速器、辅助系统等组成。其中，辅助系统包括转向电机及其控制器、空调电机及其控制器、制动系统、DC/DC 转换器等。动力电池作为全车的动力源，为各个用电设备提供动力。驾驶员通过整车控制系统达到对车辆的整体控制。整车控制系统的结构如图 5-1 所示。

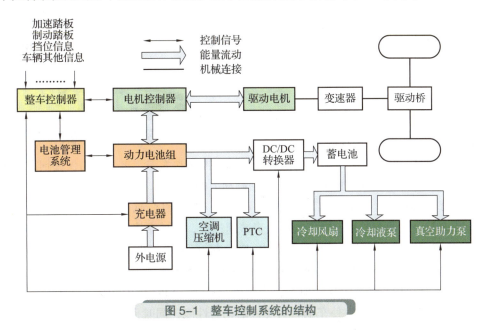

图 5-1 整车控制系统的结构

整车控制器是电动汽车的核心控制部件，主要承担整车驱动、高低压上电/下电、电池充电、空调、冷却系统、真空助力部件的管理任务。电机控制器接收整车控制器的控制指令，控制电机的输出转矩与期望输出转矩一致，同时实现对电机及控制器内逆变器的保护和故障报警。电池管理系统根据整车控制器的指令，完成动力电的连接和切断；另外，还负责监测单体电池和电池组电压、电流和温度状态，估计 SOC 值，进行电池电量均衡控制、电池充放电控制、单体电池和电池组的安全保护。组合仪表（ICM）根据采集和接收到的 CAN 总线信息，进行车辆行驶和故障信息显示。

整车控制器是控制系统的核心，承担了数据交换、安全管理和能量分配的任务。

新能源汽车的动力电机必须按照驾驶员意图输出驱动或制动转矩。当驾驶员踩下加速踏板或制动踏板后，动力电机要输出一定的驱动功率或再生制动功率。踏板开度越大，动力电机的输出功率越大。因此，整车控制器要合理解释驾驶员操作；接收整车各子系统的反馈信息，为驾驶员提供决策反馈；向整车各子系统发送控制指令，以实现车辆的正常行驶。

1. 基本功能

整车控制器基本功能如下。

1）起动和停止。

在车辆起动（KEYON）状态（起动开关置于 ON 位），PEPS 控制继电器给电池管理系统（BMS）和电机控制器（PEU）供电，并通过 CAN 发送相关控制命令，完成整车各子系统的唤醒。

在车辆就绪（READY）状态（起动开关置于 START 位），整车控制器（VCU）通过 CAN 向电池管理系统（BMS）和电机控制器发送相关控制命令，使车辆进入行驶临界状态。但当充电机处于连接状态、动力电池电量过低、整车低电压/欠电压时，车辆无法进入 READY 状态。

2）蠕行。起动开关置于 START 位，READY 灯亮，车辆进入可行驶状态。踩下制动踏板，挡位处在前进挡或倒挡时，松开电子驻车制动，车辆可进入自动行驶的蠕行状态，如图 5-2 所示。

前进挡的蠕行状态：车速一般小于 7km/h。

倒车挡的蠕行状态：车速一般小于 5km/h。

3）制动控制。电动汽车的制动模式有两种，不同模式应辅以不同的控制策略。

图 5-2　车辆蠕行状态

a. 紧急制动时：出于安全考虑，应以传统机械摩擦制动为主，再生制动仅起辅助作用。此时车辆根据不同的初始速度，由 ESC 系统控制制动力的大小。

b. 中轻度制动时：汽车在正常工况下的制动过程（如遇红灯减速、停车或滑行、靠边停车等）分为减速与停止两个过程。电气制动负责减速过程，机械摩擦制动负责停止过程。

4）驾驶模式控制。车辆有 2 种驾驶模式：ECO 模式和 SPORT 模式。ECO 模式为车辆行驶的默认模式，在此模式下默认怠速前进速度为 7km/h，倒车速度为 5km/h，车辆行驶时具有较好的节电性能。SPORT 模式为运动模式，当驾驶员按下"SPORT MODE"开关，车辆将进入 SPORT 模式，此时控制系统将使车辆具有更好的动力性能，同时也会造成电能消耗增加。

2. 整车的网络化管理

现代汽车中有众多电子控制单元和测量仪器，它们之间存在着数据交换，如何让这种数据交换快捷、有效、无故障地传输成为一个问题。为了解决这个问题，德国 BOSCH 公司于 20 世纪 80 年代研制出了控制器局域网（CAN）。在电动汽车中，电子控制单元比传统燃油车更多、更复杂，因此，CAN 总线的应用势在必行。整车控制器是电动汽车众多控制器中的一个，是 CAN 总线中的一个节点。

在整车网络管理中，整车控制器是信息控制的中心，负责信息的组织与传输。网络状态的监控、网络节点的管理及网络故障的诊断与处理。

3. 制动能量回馈控制

新能源汽车以电动机作为驱动转矩的输出机构。电动机具有回馈制动的性能，此时电动机作为发电机，利用电动汽车的制动能量发电，同时将此能量存储在储能装置中，当满足充电条件时，将能量反充给动力电池组。在这一过程中，整车控制器根据加速踏板和制动踏板的开度及动力电池的 SOC 值来判断某一时刻能否进行制动能量回馈，如果可以进行，则整车控制器向电机控制器发出制动指令，回收部分能量。

4. 整车能量管理和优化

在纯电动汽车中，电池除了给动力电机供电以外，还要给电动附件供电，因此，为了获得最大的续航里程，整车控制器将负责整车的能量管理，以提高能量的利用率。在电池的 SOC

值比较低的时候,整车控制器将对某些电动附件发出指令,限制电动附件的输出功率,以增加续航里程。

如 EV450 中的冷却控制,驱动电机、电机控制器、车载充电机、动力电池采用水冷却方式。水冷系统采用电子冷却水泵,其提供了电机冷却所需冷却液的循环动力。在车辆处于行驶状态下,整车控制器根据温度传感器采集的电机、PEU、IGBT 温度信号,并结合车辆行驶速度,发送 PWM 信号控制水泵转速,调节冷却液流量;整车控制器根据压缩机功率、电机/PEU/IGBT 温度需求来决定主、副风扇的状态(如停转、低速运转、高速运转)。

5. 车辆状态的监测和显示

整车控制器应该对车辆的状态进行实时检测,并且将各个子系统的信息发送给车载信息显示系统,其过程是通过传感器和 CAN 总线,检测车辆状态及其各子系统状态信息,将状态信息和故障诊断信息经过显示仪表显示出来(显示内容包括电机的转速、车速、电池的电量、故障信息等)。

6. 故障诊断与处理

连续监视整车电控系统,进行故障诊断;故障指示灯指示故障类别和部分故障码;根据故障内容,及时进行相应安全保护处理;对于不太严重的故障,能做到低速行驶到附近维修站进行检修。

1)限功率模式(跛行)。当发生特定故障但未达到断电程度时,动力电源不切断,但系统会限制电机输出的最大功率,车辆行驶最高车速将降低(车速值根据故障类型设置不同),使车辆可以开回家,或开到就近的维修站点,即"跛行"。

2)动力切断控制模式。电动车采用高压动力,在车辆发生碰撞或严重故障(绝缘故障、动力电池验证过温/过电压、动力电机过电流/过温等)时,整车控制器要求电池管理系统切断高压回路上的继电器,确保人员安全。

7. 外接充电管理

实现充电的连接,监控充电过程,报告充电状态,充电结束。

1)高压互锁。整车控制器通过检测动力电池、车载充电机、PTC 加热器、空调压缩机互锁回路状态,判断高压回路连接是否正常,并传输给整车控制器,当高压互锁回路不通时,车辆无法正常上电。EV450 高压互锁控制如图 5-3 所示。

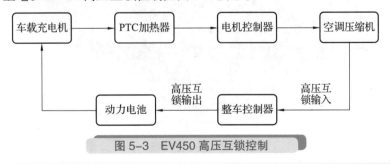

图 5-3 EV450 高压互锁控制

2）智能充电。长期停放的车辆容易造成低压蓄电池馈电，低压蓄电池严重馈电将会导致车辆无法起动上电。为避免这一问题，车辆应具有智能充电功能。车辆停放过程中，整车控制器（VCU）将持续对电源蓄电池电压进行监控，当电压低于设定值时，VCU 将唤醒电池管理系统，同时控制电机控制器通过 DC/DC 转换器对低压蓄电池进行充电，防止低压蓄电池馈电。EV450 智能充电控制如图 5-4 所示。

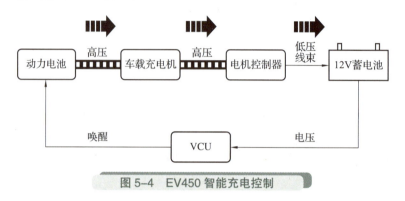

图 5-4　EV450 智能充电控制

8. 诊断设备在线诊断和下线检测

该功能负责与外部诊断设备的连接和诊断通信，实现统一服务诊断（UDS）诊断服务，包括数据流的读取、故障码的读取和清除，控制端口的调试。

1.2　整车控制器的结构

在纯电动汽车控制系统中，整车控制器（见图 5-5）占据着"中枢大脑"的位置，其位置重要程度不言而喻。各种整车控制器硬件构成大体涉及以下几部分：印制电路板、壳体、插座和固定螺钉等。印制电路板一般封装在铝制金属壳体内部，通过线束插接件与整车线束相连接。

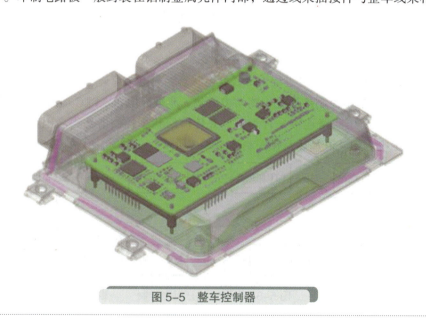

图 5-5　整车控制器

在整车控制器中，核心组件印制电路板的结构较为复杂，一般以4层板居多。为实现各种功能，电路板硬件结构各有不同，但其基本原理实现方法是类似的。一个典型的整车控制器基本硬件框架如图5-6所示，主要包括微控制器、存储模块、输入模块、输出模块、电源模块、通信模块等。

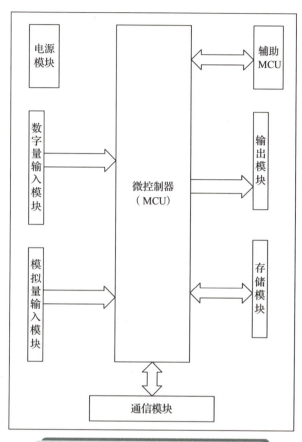

图5-6 典型的整车控制器基本硬件框架

1. 微控制器

微控制器（Micro Control Unit，MCU）负责模拟量/数字量的采集处理、逻辑运算、通信处理、控制输出等，是整车控制器的核心部件。MCU的选型是硬件设计过程中的关键一环，主要考虑因素包括处理器的位数、主频速度、存储资源、输入/输出接口资源、外设通信资源等。目前32位处理器的处理能力强且处理器硬件支持浮点运算，已经成为控制器开发的主流处理器。常用的32位车载微控制器有飞思卡尔（Freescale）公司的MPC55XX系列、英飞凌（Infineon）公司的Tricore32系列、瑞萨科技公司的SH72XX系列等。英飞凌（Infineon）公司的TC39X系列处理器具有16MB Flash（300MHz），支持6核功能安全校验，将逐步成为下一代整车域控制器搭载的主流芯片。

2. 存储模块

在整车控制器中，存储器是用来存储程序指令和数据的单元，由许多具有记忆功能的存储电路构成，按照操作原理可分为只读存储器（Read-Only Memory，ROM）和随机存取存储器（Radom Access Memory，RAM）。ROM中的信息在掉电情况下不会丢失，在整车控制器中通常用来存储程序指令或原始试验数据（如电机的外特性曲线等需要保存的数据）；而RAM是可以读写的存储单元，通常用来存储控制器在工作时暂时需要存储的数据（如输入/输出数据、运算中间结果等），这些数据会在控制器掉电后丢失。处理器内部配有一定容量的ROM和RAM，通常可以满足功能开发和性能测试的要求，除非在内部资源（譬如RAM空间）不能满足当前资源需求情况下才考虑外部配置RAM存储器芯片以额外增加RAM资源。

3. 输入模块

输入模块的主要功能是将传感器信号或者各种开关信号变换成微处理器能够识别的数字信号。根据信号的输入类型，输入模块可以分为模拟信号输入模块和数字信号输入模块。模拟信号输入模块是利用处理器内部的AD数据转换器或者外置的AD芯片将模拟信号编码转换成数字信号，其中对于AD数据转换单位的性能要求主要包括采样频率、有效位数。处理器内部通常配置有多通道的12/10位AD芯片，如对AD采样有效位数有更高的要求，则需要配置外部AD芯片。数字信号输入模块的主要作用是将外部电平信号转换成处理器能够识别的电平信号，其中主要涉及电平匹配，处理器支持的电平信号多数为5V/3.3V，可通过高速光耦合器将外部电平信号处理成与处理器匹配的电平信号。

4. 输出模块

输出模块的主要功能是根据微控制器（MCU）发出的控制指令，控制执行器（电磁阀、继电器、步进电机等）动作。微控制器输出的电信号是控制级的，不能直接驱动执行元件，需要利用继电器、电子开关等将控制级指令变成大功率信号以驱动外部执行元件。

5. 电源模块

电源模块为微控制器各个功能器件或传感器提供合适的电源，通过电平转换（如DC模块、LDO模块）将+12V蓄电池的电平转换成+5V或+3.3V，以保证整个控制器的能量供给和电平的匹配。为保证电源可靠稳定，在硬件电路设计环节通常考虑多路电源电路设计用于备份，类似微控制器电源等关键器件应设计专门的独立供电电路。

6. 通信模块

当前，控制器局域网络（CAN）具有高可靠性和良好的错误识别检测能力，已成为汽车电控系统中的标准总线。整车控制器采用CAN通信方式，实现了整车控制器与其他控制器（如电机控制器、电池管理系统、制动防抱死系统等）之间的信息交互。在下一代域控制器的规划上，百兆及千兆以太网在车载上的应用、车规级以太网芯片和应用协议的进一步成熟，将使得整车控制器从当前分布式控制趋向于集中式控制的方向发展。

1.3 典型的整车控制器硬件系统

典型的整车控制器硬件系统如图5-7所示。

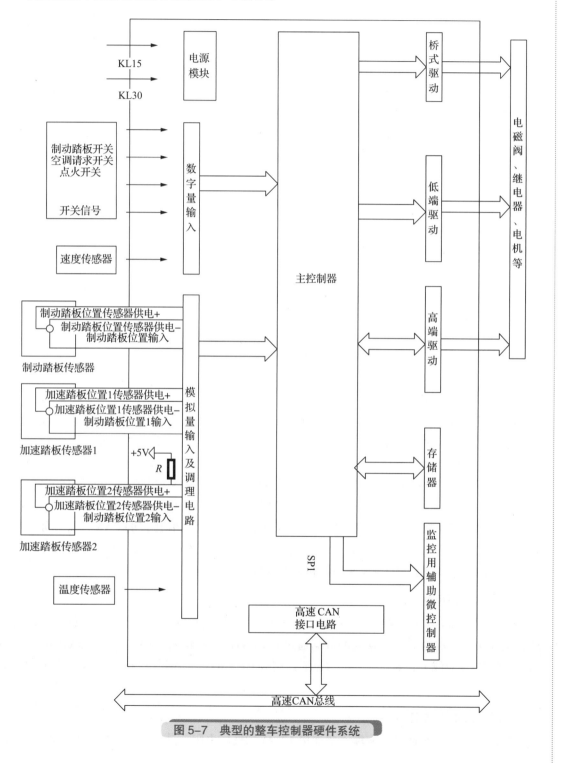

图5-7 典型的整车控制器硬件系统

1. 电源模块

整车控制器的供电电源来自车载 12V 蓄电池。在车辆起动或者行驶过程中，蓄电池的电压有时会不稳定，波动较大。电源电压的不稳定会直接导致控制器工作不正常。因此，在电源模块的设计过程中，经常采用具有宽输入电压范围的电源芯片进行电平的转换，为控制器中的各芯片或传感器提供合适的电源。许多成熟的控制器经常使用集成式电源管理芯片进行电源模块的设计。

2. CAN 通信模块

一个典型的 CAN 通信模块包括 CAN 控制器、扼流圈、终端电阻和防静电（Electro-Static Discharge，ESD）保护电路，如图 5-8 所示。下面简要介绍这几部分的基本功能和实现方式。

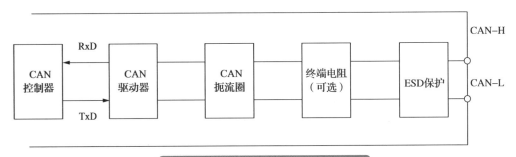

图 5-8 CAN 通信模块的硬件组成

（1）CAN 控制器

CAN 控制器的主要功能是根据 CAN 规范 ISO 11898 标准控制 CAN 帧的发送和接收，包含接口管理逻辑、发送缓冲器、接收缓冲器、验收滤波器、位流处理器等模块。当收到一个报文时，CAN 控制器将串行位流转换成微处理器能够识别的数据；而发送一个报文时，CAN 控制器则将待发送的数据转换成串行位流送到 CAN 驱动器。CAN 控制器分为独立的 CAN 控制器（如 SJA1000）和集成在微处理器的 CAN 控制器两种形式。由于 CAN 在汽车网络的广泛应用，大多数车用控制器的微处理器片内集成了兼容 CAN 2.0 A/B 协议的 CAN 模块（如 TC397 芯片就集成了 3 路 CAN 控制器），所以主流整车控制器的 CAN 通信模块不需要添加片外的独立 CAN 控制器，只需外加 CAN 驱动器和保护电路即可。

（2）CAN 驱动器

CAN 驱动器是 CAN 控制器与物理总线之间的接口，为 CAN 控制器提供对总线的差动发送和接收功能。控制器需要发送的数据通过 CAN TxD 引脚输入 CAN 驱动器 TJA1050 中，继而传输到 CAN 总线上，而总线上的数据通过引脚 CAN RxD 输入到控制器中，实现数据的发送和接收。

（3）CAN 终端电阻

在 CAN 通信总线的两个末端需要连接 120Ω 的终端电阻，其对总线匹配有着重要的作用。

如果控制器在网络中是网络的末端控制器，就需要增加终端电阻，分离的终端电阻推荐使用两个60Ω的电阻。

3. 数字量输入模块

在时间和幅度上都是离散的信号称为数字信号，而数字量输入模块的作用就是将各种数字开关信号变换成微控制器能够识别处理的数字信号。在整车控制器中，典型的数字开关输入信号有以下几种。

(1) 制动踏板开关信号

制动踏板开关信号是整车的关键信号之一，应用于动力系统输出控制、制动灯光控制及其他关联制动系统的功能实施。为了增加可靠性，常使用双回路开关作为制动踏板输出信号，一路常开，一路常闭，其中双回路开关需要接入整车控制器。制动踏板开关与控制器的电器接口原理如图5-9所示。制动踏板开关安装在制动踏板上，当驾驶员踩下制动踏板，制动踏板开关接通或断开，信号将被送入整车控制器进行处理。由于制动踏板开关信号均为电源电压（12V）信号，而处理器能接受的信号电压为5V，因此必须需要经过电平转换将高于5V的开关信号转换成5V开关信号，然后进入微处理器系统。

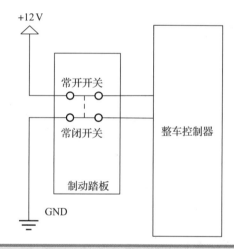

图5-9 制动踏板开关与整车控制器的电器接口原理

(2) 点火开关信号

点火开关信号是汽车电路中的关键信号之一，其是各电路分支的控制中枢。在点火开关起动的车辆中，点火开关通常有4个位置。起动动力系统时，点火开关的位置顺序为关闭（OFF）——辅助供电（ACC）——运行（ON）——起动（START），分别对应点火开关的4个状态。

当点火开关从ACC挡切换到ON挡时，控制器的电源模块被激活，开始为控制器提供电源，控制器进入运行模式。点火开关从ON挡切换到START挡，表示起动开始，发动机起动或电驱动系统输出准备好。

点火开关信号有效时是+12V，因此在其输入处理电路中需要进行"下拉"（图5-10为一路点火开关信号电路）处理。点火开关信号的输入经过电阻的分压和滤波后进入比较器，输出满足电平要求的开关信号,并使用两个二极管对电压进行钳制。经过处理的点火开关信号最后进入微控制器的输入通道进行采集。

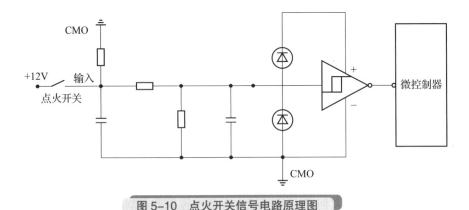

图 5-10　点火开关信号电路原理图

（3）输入/输出轴速度传感器信号

在车载系统中,车轮的测量常使用 Hall 速度传感器配合一个齿轮盘来实现,当每一组齿缺转过 Hall 速度传感器时,传感器就会产生一个脉冲信号,通过对脉冲进行计数就可算出轮速。

以 Allegro 公司的 Hall 效应速度传感器 ATS657 为例。它是一种可自标定的速度传感器,当正向转动时,其输出的脉冲宽度为 45μs;而反向转动时,输出的脉冲宽度为 90μs。通过检测脉冲宽度可识别转向,而通过计算脉冲的频率就可以得到转速值。

由于速度传感器输出的信号是脉冲式的,因此需要利用微控制器的脉宽调制（Pulse Width Modulation, PWM）输入接口进行脉冲的计数和脉宽的测量,图 5-11 所示是 ATS657 典型的应用电路。从速度传感器输出的信号进行滤波、整形后进入微控制器的 PWM 输入端口。

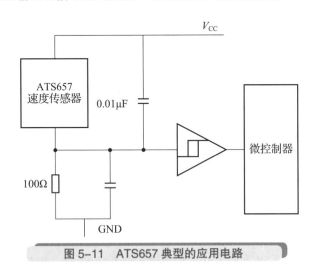

图 5-11　ATS657 典型的应用电路

（4）空调请求开关信号

空调请求开关信号是通知整车控制器驾驶员有空调请求,从而在转矩分配时增加发动机负荷或电机负荷的信号。空调请求开关信号电路如图5-12所示。

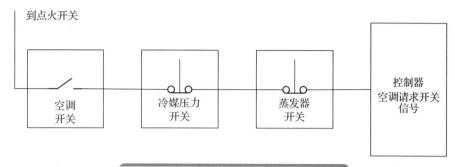

图5-12 空调请求开关信号电路

当空调开关接通后，如果蒸发器温度在允许范围内，电源电压12V便会经过空调开关、冷媒压力开关和蒸发器开关送到控制器的空调请求端，控制器收到这个信号后，会根据目前动力系统的现状，合理安排能量的分配，在合适的时候起动空调压缩机。

当蒸发器温度过高（蒸发器温度开关断开）或者制冷剂不足时（低压开关断开），控制器空调请求端子的输入变为0V，这时控制器就发命令给压缩机，使它停止工作，避免蒸发器温度过高而损坏。由于空调请求开关信号有效时是12V电平输入，因此在输入处理电路中需要进行电平的"下拉"处理，信号处理方式与点火开关信号的类似。

4. 模拟量输入模块

信号电压（或电流）随时间连续变化的信号称为模拟信号。模拟量输入模块的作用是将各种模拟量信号变换成微控制器能够识别和处理的信号。

整车控制器的常用模拟量输入信号有加速踏板位置传感器、制动踏板位置传感器、温度传感器等，下面介绍这几种模拟量输入的基本原理。

（1）加速踏板位置传感器

加速踏板位置传感器安装在加速踏板内部（见图5-13）。当驾驶员需要加速时踩下加速踏板，加速踏板位置传感器将感知的信号通过电缆传递给整车控制器，整车控制器对该信息和其他系统传来的数据信息进行运算处理、分析判断，并发出指令给其他控制器，对整个车辆的动力输出实现自动控制。

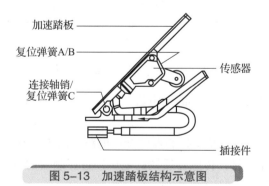

图5-13 加速踏板结构示意图

现在以采用两路电位计输出型位置传感器为例进行说明，电气原理如图 5-14 所示。电位计输出型加速踏板位置传感器以分压电路原理工作，控制器分别供给加速踏板位置传感器一路 +5V 电源。加速踏板通过转轴与传感器内部滑动变阻器的电刷连接，加速踏板位置传感器的位置改变时，电刷与接地端的电压发生改变，控制器内部模拟量输入电路将该电压转变成加速踏板的位置信号。

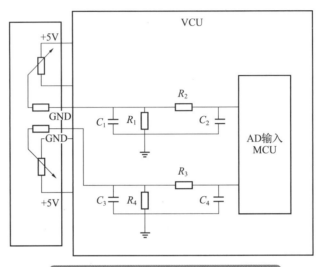

图 5-14 加速踏板位置传感器电气原理图

（2）制动踏板位置传感器

为了进行能量回收，整车控制器需要知道驾驶员踩下制动踏板的位置和制动踏板踩下的快慢，因此需要安装制动踏板位置传感器进行数据采集。制动踏板信号性质与单路的加速踏板信号类似，因此对于这类信号的处理方法可以参照单路加速踏板位置传感器的处理方法。

（3）温度传感器

温度是反映汽车电机、动力电池等热负荷的重要参数，为了保证动力系统正常工作，必须实时监控电机、电力电子、动力电池等冷却液的温度，而温度传感器的功能是将被测对象的温度信号转换成电信号，经过一定处理后送到微处理器中。具有负温度系数（Negative Temperature Coefficient，NTC）的热敏电阻式温度传感器的突出优点是灵敏度高、响应速度快、结构简单、成本低，被广泛用于汽车电子控制系统。

负温度系数热敏电阻材料的特点是电阻值随温度上升呈指数关系减小，电阻值可以近似表示为

$$R = R_0 \times \exp\left[B_n \times \left(\frac{1}{T} - \frac{1}{T_0}\right)\right]$$

式中，R、R_0——分别为温度 T、T_0 时的电阻值；

B_n——材料常数。

NTC 热敏电阻温度传感器与整车控制器的接口电路如图 5-15 所示。热敏电阻供电端采用上拉电阻与传感器电源相连接，传感器反馈的电压经过控制器的 A/D 转换后变为数字量，然后通过查表得到对应的温度值。

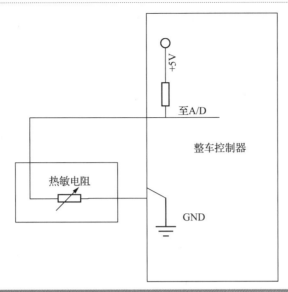

图 5-15　NTC 热敏电阻温度传感器与整车控制器的接口电路

5. 输出模块

新能源汽车运行过程中，整车控制器要发出指令以控制对应的电磁阀或泵的闭合/断开等信号。输出模块是微处理器和执行器之间的中继器，其功能是对控制信号进行功率放大，使其变成可以驱动各种执行元件的大电流（电压）信号。

在汽车电控系统中，对一个执行器进行控制的驱动方式通常有以下几种：高端驱动、低端驱动、桥式驱动。采用哪种控制方式需要根据外部系统的要求确定，包括应用场合、诊断类型、失效分析等，下面介绍这几种驱动方式的原理和应用。

（1）高端驱动

MOSFET 的输出端接在负载电源端的驱动方式称为高端驱动（开关位于电源和负载之间，由于在电路中功率开关的电势相比执行器处于高电势位置，因此称其为高端驱动）。典型的高端驱动电路如图 5-16 所示。输入端 IN 作为高端驱动的控制端，HSD 端为输出端，DIAG 端用于高端驱动的诊断输出，表示高端驱动的故障状态。

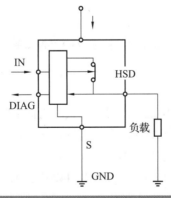

图 5-16　典型的高端驱动电路

以 HSD 高端驱动继电器为例，为保证信号稳定、可靠，可采用英飞凌（Infineon）公司的 BTS824R 继电器芯片，其功能框图如图 5-17 所示。

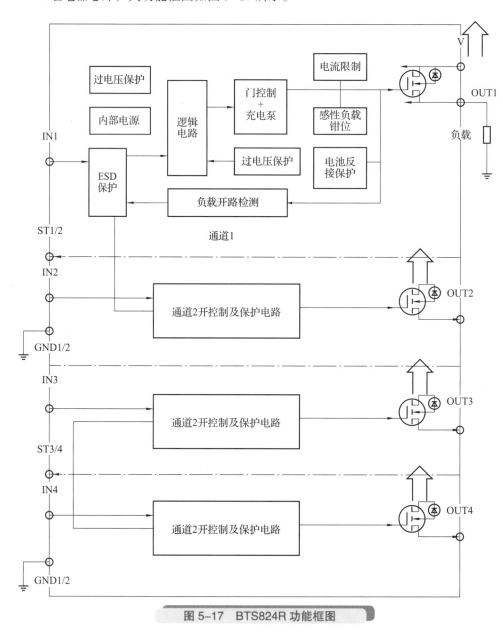

图 5-17　BTS824R 功能框图

（2）低端驱动

MOSFET 的输出端接在负载接地端的驱动方式称为低端驱动，开关位于负载和地之间。输入端 IN 作为低端驱动的控制端，LSD 端为输出端，DIAG 端用于低端驱动的诊断输出，表示低端驱动的故障状态。LSD 驱动芯片比 HSD 驱动芯片具有一定的成本优势。

以国际整流器公司（IR）的 LSD 芯片 AUIRS4426 为例，其接口原理如图 5-18 所示。

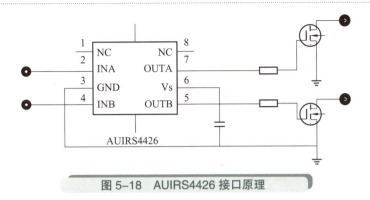

图 5-18　AUIRS4426 接口原理

（3）桥式驱动

实际上，桥式驱动是高端驱动和低端驱动的结合，有半桥驱动和全桥驱动两种驱动方式。半桥驱动主要应用在需要单方向电流和快速关断的情形，而全桥驱动主要应用在双向电流流动的情况。

2.1　静态测试

车辆静态测试是指车辆在静止状态上电后对相关用电设备进行的功能测试，用以检查用电设备及相应控制按钮是否能够正常工作。通过静态测试，能够了解整车上电功能及整车控制器的部分功能是否正常。显示仪表、空调系统等子系统的正常工作是车辆运行安全性和舒适性等的重要保证。

1. 静态测试的内容

车辆静态测试的内容一般包括上电测试和下电测试两部分。上电测试主要是指点火开关位于 ACC 位和 ON 位时，对整车控制器相应的控制部件功能进行测试；下电测试一般是上电测试时检测出故障后，将点火开关置于 LOCK 位，对相应故障点进行线路检测。进行下电测试时，由于整车高压部件及线束可能存在残余电能，需要注意进行绝缘防护。下面以北汽 EV160 纯电动汽车为例，介绍车辆静态测试的具体内容。

在北汽 EV160 新能源汽车上，点火开关有 LOCK、ACC、ON 及 START 4 个位置。当点火开关位于 LOCK 位时，汽车转向盘锁止，整车处于下电状态；当点火开关位于 ACC 位时，转向盘解锁，个别电器和附件可用（如中控、电动车窗等）；当点火开关位于 ON 位时，车辆空调可用，所有仪表、警告灯、电路可用，高压系统上电，进入行车准备状态；点火开关的 START 信号为车辆起动信号，在 EV160 车上没有用途。

将点火开关置于 ON 位，可进行车辆的静态上电测试。在进行车辆静态上电测试时，注意换挡旋钮应置于 P 或 N 位，并维持驻车制动杆拉起。点火开关置于 ON 位后，整车电气系统完成上电，显示仪表盘 READY 灯点亮，说明车辆上电正常。纯电动汽车静态测试的内容主要包括仪表盘指示功能测试、中控信息娱乐系统功能测试辅助用电设备功能测试及下电测试。

（1）仪表盘指示功能测试

北汽 EV160 纯电动汽车的仪表盘及各指示灯功能如图 5-19 所示。

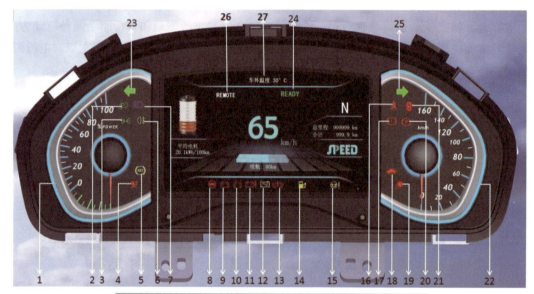

图 5-19　北汽 EV160 纯电动汽车的仪表盘及各指示灯功能

1—驱动电机功率表；2—前雾灯；3—示廓灯；4—安全气囊指示灯；5—ABS 指示灯；6—后雾灯；7—远光灯；8—跛行指示灯；9—蓄电池故障指示灯；10—电机及控制器过热指示灯；11—动力电池故障指示灯；12—动力电池断开指示灯；13—系统故障灯；14—充电提醒灯；15—EPS 故障指示灯；16—安全带未系指示灯；17—制动故障指示灯；18—防盗指示灯；19—充电线连接指示灯；20—手动制动指示灯；21—门开指示灯；22—车速表；23/25—左/右转向指示灯；24—READY 指示灯；26—REMOTE 指示灯；27—室外温度提示

车辆仪表盘的主要作用是为驾驶员提供车辆状态信息及车辆故障信息。车辆状态信息主要包括整车动力系统状态（如动力电池剩余电量、车辆续驶行驶里程等）、车辆行驶状态（如挡位信号、车速、车辆灯光系统工作情况等）。车辆故障信息主要包括系统故障信息灯和部件故障信息等。除上述之外，仪表盘还具有提示驾驶员功能，不仅能以指示灯的形式进行提示，如充电提醒灯、室外温度提示灯、安全带未系提示灯等，而且能够在必要的时候进行声音报警和文字报警提示。北汽 EV160 纯电动汽车的仪表盘下方设置了两个按钮（左 A、右 B），能够对显示屏幕进行切换，以显示更多的车辆信息。在进行车辆静态测试时，可以通过调节按钮 A、B 对车辆状态信息进行进一步查看。

（2）中控信息娱乐系统功能测试

北汽 EV160 的中控信息娱乐系统能够为驾驶员提供更丰富的车辆状态信息，并带有方便、实用的功能，如蓝牙、导航等。北汽 EV160 采用了搭载 WinCE 操作系统的数码设备作为中控信息娱乐系统，该设备由一个 800×480（dpi）的电阻式单点触摸屏、多个触摸式按键和多种扩充接口（USB、AUX、SD）组成，如图 5-20 所示。

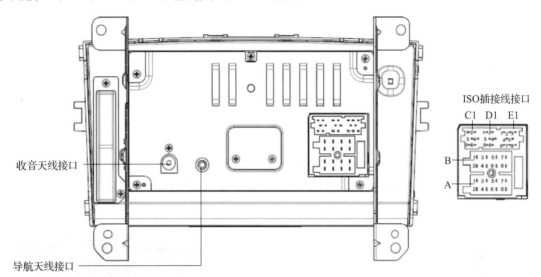

孔位	功能	孔位	功能	孔位	功能
A1	车速信号	B1	后右扬声器+	C1	CAN屏蔽
A2	倒车信号	B2	后右扬声器-	C2	CAN总线低
A3		B3	前右扬声器+	C3	CAN总线高
A4	点火线	B4	前右扬声器-	C5	CAN地
A5	收音有源天线	B5	前右扬声器+	D3	倒车视频信号地
A6	面板照明线	B6	前右扬声器-	D4	转向盘信号地
A7	电池正极	B7	后右扬声器+	D5	倒车视频信号
A8	电池地	B8	后右扬声器-	D6	转向盘信号

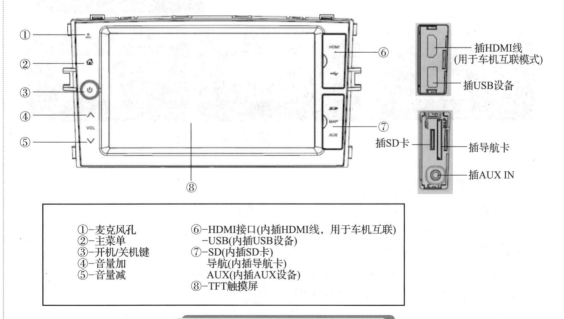

图 5-20　中控信息娱乐系统的结构

中控信息娱乐系统的开关具有 3 个状态：关机、开机和待机。系统由蓄电池进行供电，只有当点火开关置于 ON 位后才能正常开关机和运行。在关机状态下，短按电源键即可开启系统；在开机状态下，短按电源键，可使系统进入待机状态，而长按电源键，可以进行关机；在待机状态下，短按电源键可以唤醒系统。

中控信息娱乐系统的主要功能有收音机功能、蓝牙功能、机屏互联功能及能量流指示功能。

机屏互联是指利用 HDMI 技术及 MHL 接口实现手机与屏幕的通信。HDMI 是一种数字化视频 / 音频接口技术，适合影像传输的专用型数字化接口，能够同时传送视频信号和音频信号；MHL 是一种连接便携式消费电子装置的影音标准接口，它运用现有的 Micro USB 接口，实现手机输出的 MHL 信号到 HDMI 信号的转换，同时支持为手机充电。

能量流指示功能能够形象地呈现整车运行过程中能量的传递路径，并实时显示车辆状态。当车辆出现不同程度的故障时，系统能够直观地提醒驾驶员，并给出合适的处理意见，如图 5-21 所示。

功能使用说明

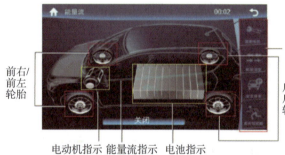

图 5-21　能量流指示功能

（3）辅助用电设备功能测试

辅助用电设备主要包括车辆照明系统、车辆空调系统、雨刮器、点烟器、电动车窗等设备。辅助用电设备多受控于整车控制器和其他子系统控制器（如空调控制器），这些控制器通过与整车控制器的通信，协调完成相应控制功能。

辅助用电设备虽然与车辆动力性能的好坏无太大联系，但直接关系着车辆驾驶员的安全和驾驶舒适性，因此保证辅助用电设备的功能完好具有重要意义。

(4) 下电测试

车辆的下电测试主要针对上电静态测试中检测到的故障,在下电的情况下进行故障原因排查。在纯电动汽车的整车控制系统中,出现的故障除极个别的机械故障外,大多是电气故障,因此在进行故障排查时,需要进行的工作主要有下电情况下的电路通断的测试和上电情况下控制信号的测试。此外,还可以在上电情况下通过电动汽车专用检测仪进行故障检测。

2. 静态测试的方法

在整车静态上电正常的情况下,进行相应功能的测试。对于仪表盘指示功能,主要通过显示信号对应的操作进行。对于照明系统的显示,可以通过操作相应的照明开关来进行。对于中控信息娱乐系统的功能测试,则通过相关的按钮来实现娱乐功能和信息查看等。对于辅助用电设备的测试,主要通过操纵相应开关来观察执行器功能完成的效果来评价。例如,对于车辆照明系统,应确保车辆远近光灯、雾灯、示廓灯、制动灯及车内的内饰灯光照强度及闪烁频率正常;车辆空调系统应保证空调制冷、采暖、通风换气等功能的正常,空调压缩机无异响;对于雨刮器相关装置,需要测试雨刮器动作是否连续,起停位置是否准确,以及清洗装置功能是否完好,必要时应调整清洗剂喷嘴位置;测试电动车窗及电动天窗能够正常开启和关闭,并注意其极限位置是否正常。

2.2 运行状态测试

车辆的运行状态测试主要是对车辆的驾驶性能进行测试。功能完好的车辆应能够较好地实现起停、前进、倒退、换挡、转向等操作。车辆的运行状态测试是进行车辆控制系统故障诊断的基础性检查工作之一。

1. 运行状态测试的内容

在整车控制系统中,对车辆的运行状态测试主要是指测试车辆是否能够按照驾驶员意图,完成车辆的换挡、行驶、转向等功能。整车控制器的驱动控制策略的核心主要包括工况判断、需求转矩计算、转矩输出等内容。整车驱动控制如图 5-22 所示。

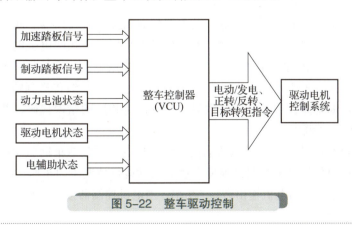

图 5-22 整车驱动控制

下面具体介绍北汽 EV160 纯电动汽车的运行状态测试内容。

（1）车辆行驶测试

北汽 EV160 纯电动汽车的驱动系统主要由驱动电机系统和主减速器组成。驱动电机是整车控制器的主要执行机构，其特性决定了车辆的主要性能指标，影响车辆动力性、经济性和用户驾乘感受。驱动电机系统输出的动力通过主减速器及半轴传递到车轮上驱动车辆行驶，对于车辆行驶的测试，主要测试驱动电机系统的功能是否完好。

驱动电机系统主要由电机控制器、驱动电机构成，通过高低压线束、冷却管路，与整车其他系统做电气和散热连接，如图 5-23 所示。整车控制器根据驾驶员意图对电机控制器发出各种指令，电机控制器响应这些指令，并实时调整驱动电机输出，以实现整车的怠速、前进、倒车、停车、能量回收及驻坡等功能。此外，电机控制器还实时进行驱动电机系统的状态和故障检测，以保护系统和整车的安全可靠运行。

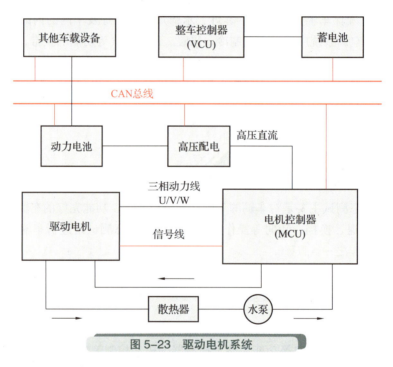

图 5-23　驱动电机系统

北汽 E160 纯电动汽车驱动系统采用的驱动电机类型为永磁同步电机，这种电机具有效率高、体积小、质量小及可靠性高等优点，其内置传感器如旋转变压器、温度传感器等能够提供电机的工作信息，供电机控制器调用；电机控制器采用了三相两电平电压源型逆变器，以IGBT（绝缘栅双极型晶体管）模块为核心，辅以驱动集成电路、主控集成电路，能够完成对输入信号的处理，并将驱动电机系统运行状态信息通过 CAN 总线传送到整车控制器。电机控制器还包含故障诊断电路，当诊断出错误时，能够产生相应的错误代码，并传送到整车控制器进行存储，供维修时调用。

在北汽 EV160 纯电动汽车中，驱动电机系统的控制主要包括车辆驱动控制和系统上下电控制。车辆驱动控制是指整车控制器根据车辆的实际运行情况（即车速、挡位、电池 SOC 值等状态信息）来决定主驱动电机输出转矩/功率；当电机控制器接收到整车控制器发出的转矩输出指令后,就将动力电池提供的直流电转化成三相交流电,驱动电机输出转矩,为车辆提供动力。北汽 EV160 纯电动汽车驱动电机系统的上下电控制逻辑图如图 5-24 所示。

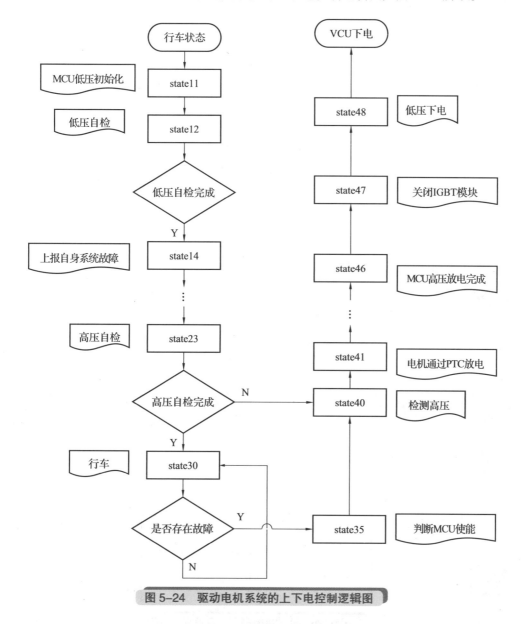

图 5-24 驱动电机系统的上下电控制逻辑图

该系统采用基于整车 STATE 机制的控制策略,通过约束电机控制器(MCU)在整车上下电过程的各 STATE 中的应该执行的动作、需要实现的逻辑功能和允许/禁止诊断功能等来进行驱动电机上下电控制。由图 5-24 可以看出,驱动电机系统上下电控制主要包括低压上下电、低压自检、高压上下电、高压自检、故障诊断与上报等内容。驱动电机高压上电、下电流程分别如图 5-25 和图 5-26 所示。

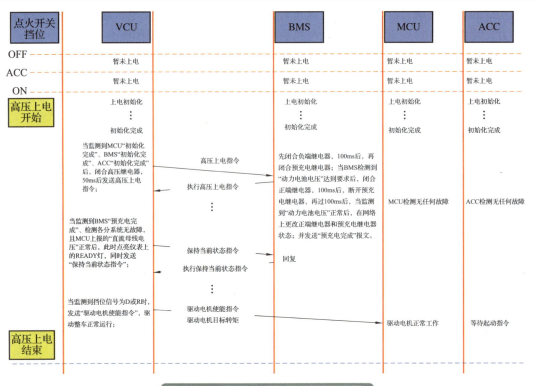

图 5-25 驱动电机高压上电流程

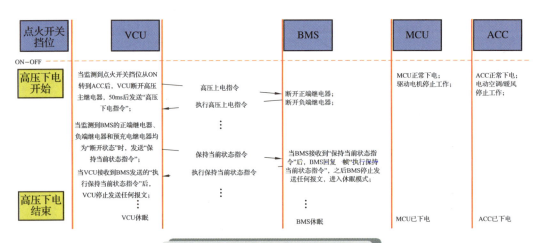

图 5-26 驱动电机高压下电流程

（2）车辆换挡测试

车辆换挡测试主要检测换挡机构能否正确解读驾驶员的换挡意图，以及能否将换挡信号传递至整车控制器。北汽EV160纯电动汽车采用了旋钮式电子换挡机构，如图5-27所示。该机构设置了4个挡位，分别为R（倒车挡）、N（空挡）、D（前进挡）、E（前进挡经济模式）。

车辆运行于D挡或E挡时，能够在滑行或减速制动时进行制动能量回收；车辆运行于E

挡位时,驾驶员可以通过换挡面板上的"E+""E-"按键进行制动能量回收强度的调节。由于制动能量回收强度直接影响整车运行效率和经济性能,故 E 挡被称作经济挡位。

电子换挡机构的正常工作电压为 9~16V,其挡位指示部分采用半透明 PC 材料,表面喷涂钢琴漆,当控制器不工作时,无挡位显示,而控制器工作后,指示灯部位将进行挡位显示,蓝色为当前挡位,白色为未选中挡位。

在旋钮式电子换挡机构中,各个挡位在换挡器上的位置角度相差 35°(见图 5-28)。换挡过程中,此角度由旋钮轨道来实现。在正常工作状态在下,R/N/D/E 四个挡位可以进行自由切换,同时仪表盘将显示对应挡位的字母。

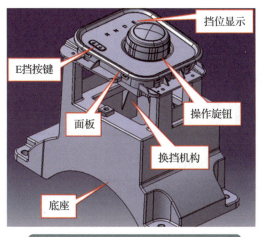

图 5-27 电子换挡旋钮结构

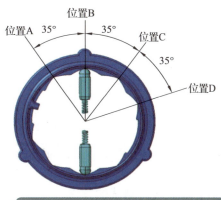

图 5-28 电子换挡旋钮旋转角度

(3)车辆转向性能测试

车辆转向能力直接关系车辆的行驶性能,功能完好的车辆应能够按照驾驶员意图完成车辆在行驶过程中的转向动作。北汽 EV160 纯电动汽车采用了电动助力转向(Electric Power Steering,EPS)系统,低速时转向轻便,高速时转向助力逐渐减小,路感不断增强,同时要求转向盘手感良好。

2. 运行状态测试的方法

(1)车辆行驶测试的方法

车辆行驶测试主要进行车辆的起步、换挡、加减速、停车等功能测试。测试时应注意,不同运行状态下,整车仪表的相应显示是否正常。车辆起步时,观察车辆起步响应是否迅速,车辆起动过程中是否出现抖动异响等情况;车辆行驶过程中,踩下加速踏板,感觉踩下踏板所需力度是否正常,以及车辆加速响应是否迅速,车速提升效果是否明显;车辆制动时,制动力是否足够,是否出现抖动异响等。

(2)车辆换挡测试的方法

在进行车辆换挡测试时,需要注意以下几点:当选择空挡或倒挡时,需确保车辆处于静止状态;车辆静止时,要求驾驶员先踩下制动踏板才能换挡成功,若未踩下制动踏板,仪表将显示当前换挡旋钮的物理挡位,并闪烁,以提示驾驶员换挡无效,此时驾驶员需要换至空挡,然后重新进行换挡操作;当选择前进挡时,需要在换挡前先踩下制动踏板,否则挡位选择将被视为无效,仪表将显示当前挡位并闪烁,此时整车不响应加速踏板的需求。

车辆换挡功能最常见的故障为在进行挡位切换时,仪表面板上不显示对应的挡位。此时,应拆下仪表面板,在车辆上电正常的状态下,用万用表分别测量插接件上的引脚电压,并与对应接口的标准电压对照。通过比较,判定换挡旋钮是否故障,若换挡旋钮出现故障,则需拆下旋钮送回厂家进行返修,若无故障,则应检查其他电器元件或线束。

电子旋钮换挡器接口芯线插接件型号为 174973-2,线束插接件型号为 174045-2,其引脚图如图 5-29 所示。

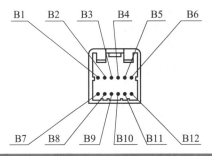

图 5-29　电子旋钮换挡器线束插接件 174973-2 引脚图

(3) 车辆转向测试的方法

在车辆转向测试中,首先应对车辆转向盘功能进行测试,检测转向盘左右转向的平顺性及转向盘旋转的极限位置。在转向盘功能完好的情况下,重点测试车辆转向系统的转向助力功能:在车辆静止时,转动转向盘,测试转向盘转动时的阻力是否过大,并观察转向轮转动位置是否合适;在道路试车过程中,在低速行驶状态下转向,检测转向时转向盘是否沉重,转向助力是否足够,转向效果是否能够满足驾驶员意图;将转向盘分别向左、右打至极限位置,检测车辆是否有转向盘抖动、转向机异响等故障。

2.3　制动能量回收

受动力电池技术所限,纯电动汽车往往存在一次充电续航里程短、电池充电时间长、电池循环寿命短及更换率高等问题,为了进一步提高能源利用效率,现在的纯电动汽车普遍采用了制动能量回收技术。制动能量回收是指依靠驱动电机反拖制动,将车辆行驶的动能储存在电动汽车的储能装置中加以回收利用。

传统的燃油汽车在制动时是将车辆的惯性能量通过制动器的摩擦转化为无法回收的热能散发到周围环境中损失掉了,从而造成了能量的浪费。对于纯电动汽车而言,由于其主要驱动部件电机具有能量转换的可逆性,即在特定条件下,电机可以转变为发电机运行,故可以在制动时将制动能量转化为电流充入储能装置,如蓄电池、超级电容等,以供车辆行驶使用,从而增加电动汽车的续航里程。通过制动能量回收部分制动能量,整车能量利用效率能够得到有效提高。

制动能量回收配合机械制动,能够提高电动汽车制动系统的安全性、灵敏性和可靠性,能够增加整车续航里程,对于电动汽车具有重要意义。合理的制动能量回收不仅能够节约能源,提高能量利用效率,而且能为纯电动汽车提供辅助制动功能,提高整车制动性能。制动能量回收能够将电动汽车输出动能的 15%~18% 存储于储能装置,其余部分将会消耗在制动过程中。通过采用制动能量回收控制系统,纯电动汽车一次充电后的续航里程能够增加 5%~10%。在需要频繁制动和起动的城市工况运行条件下,有效地回收制动能量甚至能够将电动汽车的行驶里程延长更多。丰田 Prius 通过制动能量回收大约能使续航里程增加 20%;本田 Insight 通过回收的制动能量大约可以使续航里程增加 30%。

1. 制动能量回收的控制

制动能量回收又称"再生制动",其原理是在制动时,将电动汽车行驶的惯性能量传递给电机,电机以发电方式工作,为储能装置充电,从而实现制动能量的再生利用。同时,电机以发电方式工作时产生的电机制动力矩又可以对驱动轮施加制动,产生制动力。

制动系统在设计时首先考虑的是车辆的安全性,包括快速降低车速和保持制动过程的方向稳定性。这些要求需要车辆的制动系统在各个车轮上提供足够大的制动力及分配合理的制动力。

制动能量回收的控制策略对能量回收效果及制动时的安全性及舒适性有重要影响。在电动汽车中,机械摩擦制动与电机制动同时存在,故混合制动系统可以采用多种控制策略。再生制动控制策略设计的目标是要保证汽车的制动性能和尽可能多地回收制动能量。控制策略需要解决制动力在前后轮上的分配、机械制动力和电再生制动力的分配问题。目前应用较多的控制策略为最大制动能量回收控制策略。该策略考虑车型结构特点,充分利用地面附着条件和制动时前后轮的制动力分配特性,将制动力优先分配给驱动轮,从而实现最大化回收制动能量。理想制动力分配曲线如图 5-30 所示。

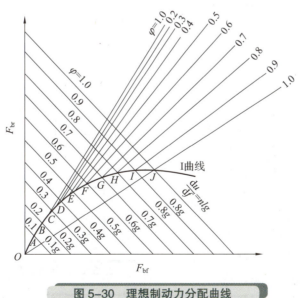

图 5-30 理想制动力分配曲线

F_{bf}—前轮制动力;F_{br}—压轮制动力;φ—附着力系数;g—重力加速度;du/df—重力标度

2. 北汽 EV160 制动能量回收控制原理

下面以北汽 EV160 纯电动汽车为例，介绍其制动能量回收的控制原理。北汽 EV160 纯电动汽车能够在滑行和减速制动时实现制动能量回收，而当电子换挡旋钮置于 E 挡位（经济挡位）时，车辆能够进行制动能量回收强度的调节。电子换挡旋钮左侧配备了两个辅助按键 E+、E-。两个辅助按键只在 E 挡位起作用，E+ 表示制动能量回收强度增强，最大为 3 挡；E- 表示制动能量回收强度减小，最小为 1 挡。制动能量回收强度调节按键如图 5-31 所示。

除了利用电子换挡器面板上的按键进行制动能量回收强度的调节之外，为了方便驾驶员进行操作，北汽 EV160 的转向盘上也设置了制动能量回收强度调节按键，如图 5-32 所示。

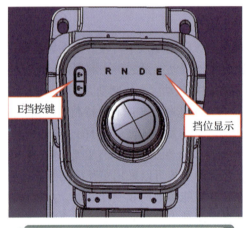

图 5-31　制动能量回收强度按键

图 5-32　制动能量回收强度调节按键

在车辆行驶过程中，整车控制器将根据加速踏板信号、制动踏板的信号、车辆行驶状态信息及动力电池状态信息（SOC 值）来判断某一时刻能否进行制动能量回收，在满足安全性能、制动性能及驾驶员舒适性能的前提下，回收部分制动能量。

制动能量回收控制主要包括滑行制动和驻车制动两种工况的电机制动转矩控制。根据加速踏板信号和制动踏板信号，制动能量回收可以分为以下两个阶段。

1）阶段一：在车辆行驶过程中，驾驶员松开加速踏板但未踩下制动踏板的过程。

2）阶段二：驾驶员踩下制动踏板后，如图 5-33 所示。

在阶段一中，加速踏板与制动踏板均未踩下，此时整车控制器判定车辆处于滑行状态，并按照控制器设定好的相应 MAP 图进行滑行状态下制动能量回收力矩的输出控制；在阶段二中，整车控制器根据制动踏板信号，判定驾驶员有制动需求，车辆处于减速制动状态，然后按照控制器设定好的相应 MAP 图进行减速制动状态下制动能量回收力矩的输出控制。

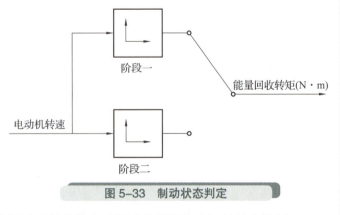

图 5-33　制动状态判定

在进行制动能量回收控制时，需要遵循的原则是：进行制动能量回收不能干预制动防抱死系统（Antilock Brake System, ABS）的工作；当 ABS 进行制动力调节时，不应该进行制动能量回收；当 ABS 报警时，不应该进行制动能量回收；当电驱动系统出现故障时，不应该进行制动能量回收。

3. 制动能量回收与机械制动的融合技术

在电动汽车中，由于机械制动与电机再生制动同时存在，因此制动性能的保证和制动能量的回收之间有不同的制动力分配要求，这就需要制动能量回收控制策略能够在机械制动和电机再生制动之间寻求合适的平衡点。

作为最重要的车辆主动安全措施，ABS 在一些国家已经属于强制要求的配置。从安全角度考虑，目前由电力驱动的、有制动能量回收功能的新型动力汽车仍然保留了机械制动系统，并且绝大多数装备了 ABS。现有的 ABS 技术已较为成熟，能够保证在大制动强度或恶劣附着条件下车辆制动的稳定性。而在加入制动能量回收功能后，如何使防抱死制动效果不受影响，如何利用回馈制动的特性配合机械制动进行防抱死制动，对于电力驱动类汽车的制动安全至关重要。

传统内燃机汽车的制动力全部来自制动器的摩擦，且制动操纵机构与制动器之间的连接是唯一的，这有利于保证驾驶员的制动操作与车辆的制动强度之间的关系明确且固定。当制动能量回收功能引入车辆制动系统后，车辆的制动力来源变为制动器摩擦及电机反拖两部分，而制动操纵机构仍只有一个，即制动踏板，这样就涉及制动力需求在两个制动力来源之间的分配问题。由于回馈制动力来源于电驱动系统，其受动力电池、驱动电机等多方面限制，所表现出的动力学特性与机械制动条件下有所不同，这也增加了制动力分配控制的难度。

目前制动能量回收控制策略可以分为两大类，即并联式能量回收控制策略和串联式能量回收控制策略。并联式能量回收控制策略保留了机械制动系统原有的特性，不做调节，并将回收制动力直接附加于机械制动力之上，其目标值（由于受电机、电池等限制，并不一定能够达成）与制动力需求形成一定比例，如图 5-34（a）所示；串联式能量回收控制策略则是通过对机械制动力进行调节，使得回收制动力与机械制动力之和满足制动力需求，如图 5-34（b）所示。

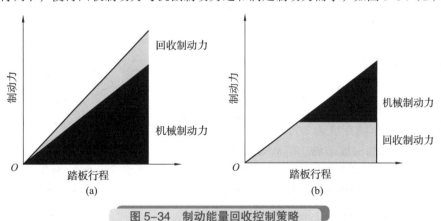

图 5-34 制动能量回收控制策略
（a）并联式能量回收控制策略；（b）串联式能量回收控制策略

在并联式能量回收控制策略下，机械制动力随踏板行程呈线性变化，而回收制动力则根据整车制动力需求和车辆状态叠加到机械制动力之上，因此在车辆制动过程的始终，机械制动力与回收制动力都同时存在。在串联式能量回收控制策略下，当整车制动力需求小于车辆所能产生的最大回收制动力时，整车制动力完全由回收制动力提供；而当整车制动力需求大于车辆所能产生的最大回收制动力时，制动能量回收系统将提供最大回收制动力，剩余的制动力需求将由机械制动力提供。

并联式能量回收控制策略的优点是对原有机械制动系统改造较少，易于实现且成本较低；缺点是制动能量回收率低，当回收制动力发生变化时，总制动力也将发生变化，使得总制动特性不够稳定。串联式能量回收控制策略的优点是制动能量回收率较高；缺点是需要对机械制动系进行改造，且其控制策略较为复杂，不易实现。

早期的制动能量回收技术多采用并联式控制策略，只能够实现一般意义上的能量回收功能。若从控制策略层面加大制动能量回收率，则这会对驾驶员的驾驶感受造成负面影响，即制动的实际减速度与驾驶员的意图将存在较大偏差。串联式制动能量回收系统在多个典型工况下回收的能量占驱动能量的比例都能达到10%左右，效率高于并联式制动能量回收系统。克莱斯勒汽车公司的Evan Boberg针对电机在变速器输入端耦合的混合动力系统提出的制动耦合控制逻辑，即尽可能由电机进行制动能量回收，剩余制动力由机械制动补充，是典型的串联式制动能量回收控制策略。

2.4 保护功能

纯电动汽车整车控制器的保护功能主要是从系统控制层面对关系到车辆及驾驶员安全的功能、故障等进行有效处理，是保障车辆正常运行及驾驶员安全的重要功能。纯电动汽车整车控制器的保护功能主要分为功能类保护和故障类保护两大类。功能类保护主要是指整车控制器对关系到车辆行驶安全的功能能够进行妥善控制，如防溜车控制、充电过程保护控制等；故障类保护是指整车控制器对车辆运行状态进行实时诊断，对出现的故障进行预警及应急处理，以保证整车在安全要求范围内的可使用性。

1. 功能类保护

（1）防溜车控制

当车辆在坡道上起步时，在驾驶员从松开制动踏板到踩下加速踏板的过程中，车辆可能会出现向后溜车的现象。此外，车辆在坡道上行驶过程中，当驾驶员踩下的加速踏板的深度不够，导致驱动力不足时，车辆也会出现车速逐渐降到0然后向后溜车的现象。溜车现象产生的最主要原因是车辆驱动力不足以克服车辆在坡道上受到的自身重力及车轮与地面之间摩擦力的合力。为了防止车辆在坡道上向后溜车现象，在纯电动汽车整车控制策略中需要增加防溜车控制功能。北汽EV160纯电动汽车的整车控制策略就具备防溜车控制功能，其控制流程如图5-35所示。

在图5-35中，整车控制器首先判断车辆是否允许

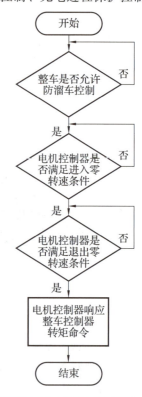

图5-35 防溜车控制流程

进行防溜车控制，并对电机控制器输出转矩与车速状态进行对比判断，当发现车辆出现溜车现象时，整车控制器将命令电机控制器适当加大电机转矩，进而控制整车车速，从而防止溜车现象的出现。防溜车控制功能可以保证整车在坡上起步时，向后溜车距离小于10cm；整车在上坡行驶过程中如果动力不足，则整车车速会慢慢降到零，然后保持零车速，不再向后溜车。

（2）充电过程保护控制

在为动力电池充电时，整车控制器将与电池管理系统共同进行充电过程中的充电功率控制。整车控制器在此处的主要功能是：在接收到充电信号后，禁止整车高压系统上电，以保证车辆在充电状态下处于行驶锁止状态。

此外，整车控制器将实时监控动力电池状态信息，配合电池管理系统合理控制充电功率，以保护动力电池，避免出现过充电现象。对应于充电过程对动力电池的保护控制，在车辆实际运行过程中，整车控制器也将实时监控动力电池状态信息，以避免动力电池出现过放电现象。

（3）高压上下电保护控制

在驾驶员使用车辆过程中，整车控制器将根据驾驶员对行车开关的操作，进行动力电池高压接触器的开关控制，完成高压设备电源通断和预充电控制。这样能够做到当整车只有低压用电需求时，高压系统处于断电状态，以保护用电器及人员的安全。

此外，整车控制器还将根据各用电器的用电需求，协调控制各相关部件的上电与下电流程，包括电机控制器、电池管理系统等部件的供电，预充电继电器、主继电器的吸合和断开时间等。有序的上下电流程能够保证高压系统稳定工作，并避免高压上下电的瞬时电流过大导致用电设备损坏。

2. 故障类保护

在车辆上电后，无论车辆处于静止状态还是运行状态，整车控制器都将连续监视整车电控系统，对系统实时出现的故障进行诊断，并及时进行相应安全保护处理；根据传感器的输入信号及其他通过CAN总线通信得到的驱动电机、动力电池、车载充电机等状态信息，对各种故障进行判断、等级分类、报警显示，并实时存储故障码，供维修人员维修车辆时查看。以动力电池为例，整车控制器对故障进行的分级及相应的处理方式，如图5-36所示。

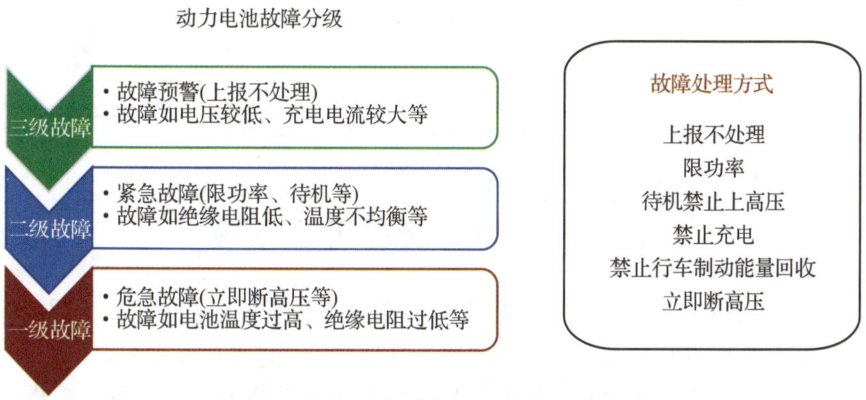

动力电池故障分级

三级故障
- 故障预警(上报不处理)
- 故障如电压较低、充电电流较大等

二级故障
- 紧急故障(限功率、待机等)
- 故障如绝缘电阻低、温度不均衡等

一级故障
- 危急故障(立即断高压等)
- 故障如电池温度过高、绝缘电阻过低等

故障处理方式

上报不处理
限功率
待机禁止上高压
禁止充电
禁止行车制动能量回收
立即断高压

图5-36 动力电池故障分级处理

通过对故障进行分级处理,能够有效保证车辆的正常运行和整车安全。整车控制器通过显示系统,能够对各级故障进行显示,提醒驾驶员及时处理。例如,当空调压缩机电流过大时,整车控制器将断开空调压缩机供电电路,以对空调系统进行保护;在进行车辆换挡控制时,当整车控制器检测到驾驶员换挡误操作时,将不解读驾驶员的换挡意图,同时会通过仪表等提示驾驶员,使驾驶员迅速做出纠正。

3. 高压互锁

高压互锁回路(High Voltage Interlock,HVIL)利用电气小信号来检测整个高压产品(包括导线、插接器及护盖在内的电器)的完整性和连续性,并能够在互锁回路异常断开时,及时断开高压电。高压互锁回路的功能如下。

1)在高压上电前,确保整车高压系统的完整性,使高压处于一个封闭的环境下,提高整车安全性功能。

2)在车辆运行过程中,若高压系统回路断开或者完整性受到破坏,则高压互锁装置需能够及时起动安全防护功能。

3)防止带电插拔高压插接器对高压端子造成拉弧损坏。

北汽 EV160 纯电动汽车采用的高压互锁回路,通过各高压插接件的连接确认信号来实现高压系统的保护,如图 5-37 所示。

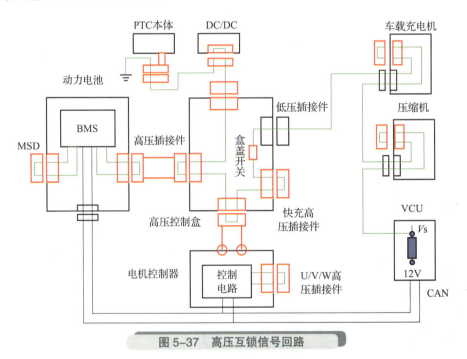

图 5-37 高压互锁信号回路

图 5-37 中有 4 条低压互锁线:维修开关 MSD 低压互锁线、动力电池高压插接件低压互锁线、电机控制器 U/V/W 高压插接件低压互锁线、其他高压部件低压互锁线。

其他高压部件低压互锁线通过一根低压导线将整车控制器 VCU、空调压缩机、车载充电机、高压控制盒开盖开关、高压控制盒上所有高压插接件、DC/DC 控制器、PTC 加热器串联在一起，低压互锁线的 12V 电压来自整车控制器内部，低压互锁线经 PTC 加热器后搭铁形成封闭回路。当高压回路所有插接件连接完好，整车控制器内部检测电压 V_s=0V，高压回路完整；当高压回路内某一个插接件没有连接好，整车控制器内部检测电压 V_s=12V，高压回路不完整，此时整车控制器将禁止动力电池对外供电，如此就切断了高压供电回路。

互锁回路还包括用于检测高压部件盖板是否可靠关闭的行程开关，以及产生车辆碰撞信号和侧翻信号的传感器（当车辆发生碰撞或侧翻时，互锁回路中的传感器产生的车辆碰撞信号或侧翻信号传输到整车控制器，触发断电信号，整车控制器会使高压电源及时断开，以保护乘员安全）。

高压互锁功能的测试可以配合显示仪表进行：通过拔下高压系统某一部件的插接器，观察显示仪表是否进行整车高压故障报警，然后连接该插接器，观察故障报警是否消失。

随着电子技术的迅猛发展及其在汽车上的广泛应用，汽车电子化程度越来越高，汽车电子系统形成了一个复杂的大系统。纯电动汽车也是如此，动力电池管理、驱动电机控制、充电控制、制动控制、制动能量回馈控制、转向控制、空调控制等形成了一个相当庞大的控制系统。

这些系统除了各自的电源、传感器和执行器外，还需要互相通信，且信息传输量很大。如果采用传统的线控方式，那么连接线束将急剧增加，甚至数量庞大以至于系统硬件难以承受。为此，纯电动汽车各系统之间多采用总线技术进行通信，目前常采用的总线是 CAN 总线。

3.1 纯电动汽车整车网络拓扑结构

纯电动汽车整车网络通常可以分为两大部分，一部分是面向动力电池、电机控制器、车载充电机、DC/DC 等高压部件，可以称为动力 CAN；另一部分是面向仪表、显示屏、车载终端、空调控制面板等低压控制系统，可以称为舒适 CAN。除此之外，纯电动汽车整车网络还有一些附加网络，如面向快充的 CAN、面向动力电池内部的 CAN、面向制动/转向的 ESC 网络等。纯电动汽车整车网络拓扑结构如图 5-38 所示。

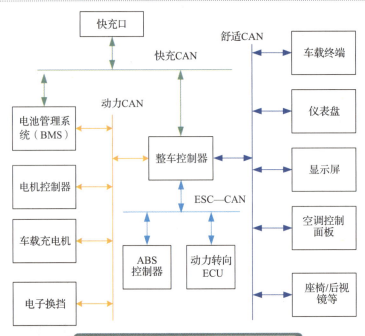

图 5-38　纯电动汽车整车网络拓扑结构

动力 CAN 主要传递动力电池信息、驱动电机信息、驾驶员意图等信息，各 ECU 根据这些信息进行模式控制（充电模式/驱动模式）、能量管理、驱动控制、制动能量回收和慢充控制等。

舒适 CAN 面向信息显示系统和空调控制等舒适性系统，还有很大一部分车辆有车载终端，用于对车辆信息进行远程采集或远程操作。

3.2　车载 CAN 通信系统的故障检修

1. 车载 CAN 通信系统故障现象及原因

车载 CAN 发生故障时，一般会有一些明显的故障特征。当总线系统出现故障时，其故障现象很特殊，有时整个系统会"瘫痪"，车辆装备的某套数据总线系统内的电控单元不能通过总线互相通信，造成车辆功能异常，甚至诊断仪也不能对该系统进行通信诊断；有时是单个（或若干）控制单元失去通信。总体来说，故障现象主要有以下 3 种。

1）整个网络失效或多个控制单元不工作。
2）不同系统同时表现出多个故障现象，且故障现象之间没有必然联系。
3）个别电控单元或多个电控单元在接上诊断仪后无法与诊断仪通信。

车载 CAN 故障一般有 3 种，即链路故障、汽车电源故障引起的故障及节点故障。

（1）链路故障

车载 CAN 通信系统的链路故障主要是通信线路短路、断路，以及由于线路物理性质引起的通信信号衰减或失真。链路故障可能会引起多个控制单元无法工作，表现形式可能为整个网络失效、用解码器找不到相应的控制单元，也可能为若干控制单元无法通信。

（2）汽车电源故障引起的故障

车载 CAN 的核心部分是含有通信 IC 芯片的电控单元，其正常工作电压为 10.5~15V。汽车电源系统提供的工作电压低于该值，会导致一些对工作电压要求较高的电控单元无法工作，进而导致某些信息无法通信而引发故障。汽车电源故障引起的故障通常会导致系统大面积瘫痪，还包含其他故障现象，比较容易识别和排除。

（3）节点故障

节点是车载 CAN 的电控单元，因此节点故障就是电控单元故障。节点故障包括电控单元硬件故障和软件故障。硬件故障是指由于电控单元供电电路故障、集成电路故障、芯片故障造成的控制单元无法正常工作。软件故障是指传输协议或软件程序有缺陷或冲突，从而使车载 CAN 通信出现混乱或无法工作。节点故障主要表现为"XX 单元通信丢失"，现象比较明显，比较容易识别和排除。

2. CAN 通信链路故障的一般检测方法

（1）测电阻

为了避免信号反射，在 CAN 总线的两端分别连接一个 120Ω 的终端电阻。这两个终端电阻并联，构成一个 60Ω 的等效电阻，如图 5-39 所示。关闭供电电压后可以在数据线之间测量这个等效电阻。通常方法是把一个便于拆装的控制单元从总线上脱开，然后在插头上测量 CAN-L 导线和 CAN-H 导线之间的电阻，如图 5-39 所示。

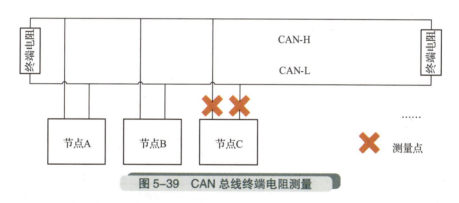

图 5-39　CAN 总线终端电阻测量

（2）测波形（电压）

用示波器测量 CAN-H 或 CAN-L 与接地之间的电压，获得一个类矩形波信号。正常情况下，CAN-H 和 CAN-L 的波形电位相反（一个为高电平，另一个为低电平），而且两条线上的电位和等于常数。高速 CAN 总线波形如图 5-40 所示。

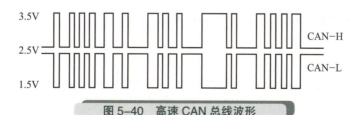

图 5-40　高速 CAN 总线波形

3.3 典型整车网络拓扑结构

某整车网络拓扑结构如图 5-41 所示。车辆有 2 路 CAN 总线网络，其中动力 CAN 连接整车控制器（VCU）、电子换挡器、动力电池控制系统（BMS）、整车数据控制系统（DMS）、远程控制器、动力控制单元（PCU）、电机控制器和车载充电机；车身 CAN 连接组合仪表、转角传感器、电子稳定系统（ESC）、安全气囊模块、诊断接口、电子助力转向系统（EPS）、低速预警系统、远程控制器、车身控制模块（BCM）、信息娱乐主机、电子驻车模块、热管理控制器、电动座椅控制器和 360°全景影像控制模块组成。

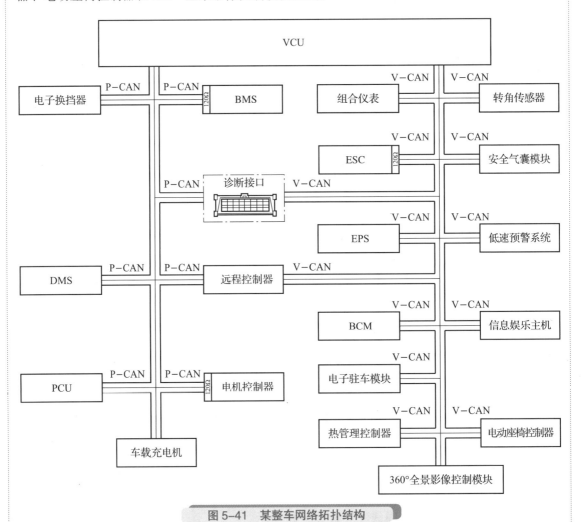

图 5-41 某整车网络拓扑结构

动力 CAN 各连接端子如图 5-42 和图 5-43 所示。

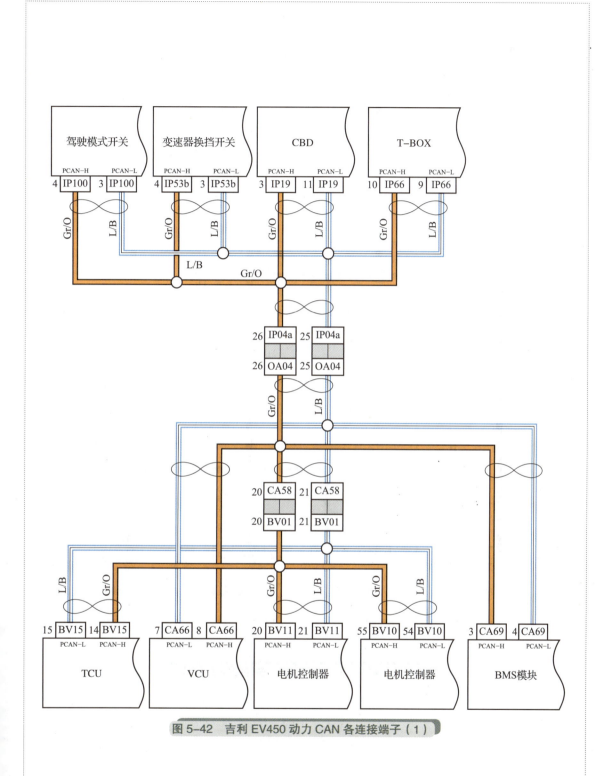

图 5-42 吉利 EV450 动力 CAN 各连接端子（1）

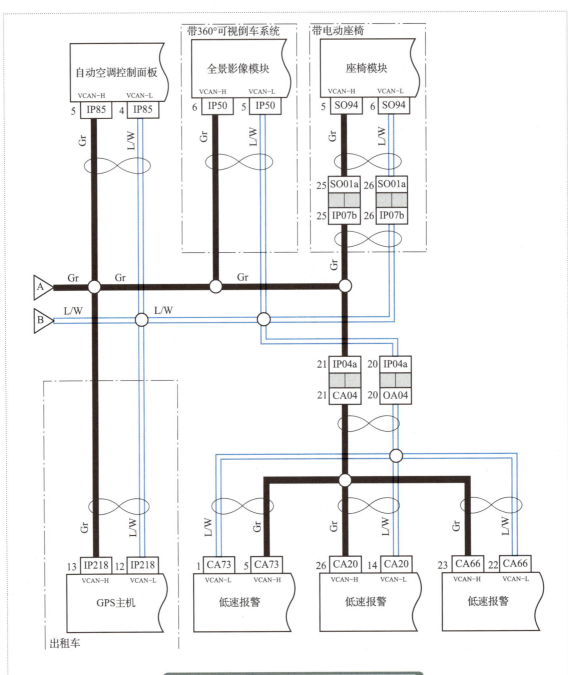

图 5-43 吉利 EV450 车身 CAN 各连接端子（2）

第六章 辅助系统

空调制冷系统

1.1 空调制冷系统概述

空调（Air Condition，A/C）即空气调节，是指在封闭的空间内，对空气温度、相对湿度、流速及空气的清洁度进行部分或全部调节的过程，目的是将车内空间的环境调整到人体最适宜的状态，为驾驶员创造良好的劳动条件和工作环境，以提高驾驶员的劳动生产率和行车安全。

汽车空调的主要功能是调节车内的温度、相对湿度、气流速度、空气洁净度等，从而为乘员创造清新、舒适的车内环境，如图6-1所示。人类比较舒适的环境要求如表6-1所示。

图 6-1 空调的作用

表 6-1 人类比较舒适的环境要求

序号	舒适性参数	数值
1	车内平均温度	夏季：25℃~28℃； 冬季：15℃~18℃
2	车内外温差	夏季：5℃~7℃； 冬季：10℃~12℃
3	车内空气相对湿度	30%~70%
4	车内气流速度	夏季：不超过0.5m/s； 冬季：0.15~0.2m/s
5	车内降温率	夏季：1.5℃/min
6	车内温差	垂直方向温差：2℃； 水平方向温差：1.5℃
7	车内换气量	每位乘员所需新鲜空气量：20~30 m^3/h； CO_2 体积浓度：不大于 0.1%
8	车内噪声	不大于 50dB（分贝）
9	出风口的位置及风速差	出风口的位置：应尽量避免直吹令人感觉不舒服的部位； 各出风口风速差：不大于 2m/s

1.2 空调制冷系统的组成

根据系统所用的膨胀元件，空调制冷系统可以分为循环离合器膨胀阀系统和循环离合器孔管系统。

循环离合器膨胀阀系统主要由压缩机、冷凝器、膨胀阀、蒸发器、储液干燥器、空调压力开关、制冷管路、鼓风机、冷凝器散热风扇等部件组成，如图6-2所示。

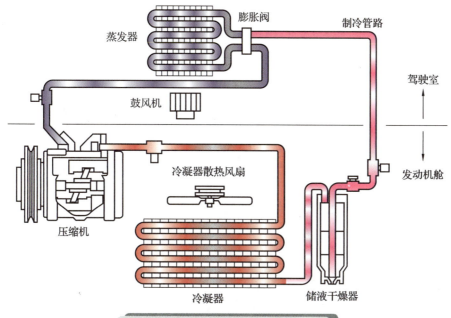

图6-2 循环离合器膨胀阀系统的组成

循环离合器孔管系统主要由压缩机、冷凝器、积累器、孔管、蒸发器和冷凝器散热风扇等组成，节流装置采用孔管，过滤装置采用积累器，如图6-3所示。

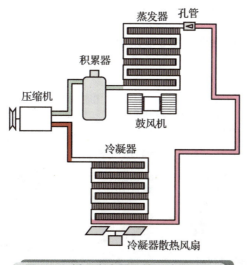

图6-3 循环离合器孔管系统的组成

1.3 空调制冷系统的工作原理

电动空调制冷系统采用的是循环离合器膨胀阀系统，和传统内燃机空调制冷系统相比主要区别在于电动压缩机，如图6-4所示。

第六章 辅助系统

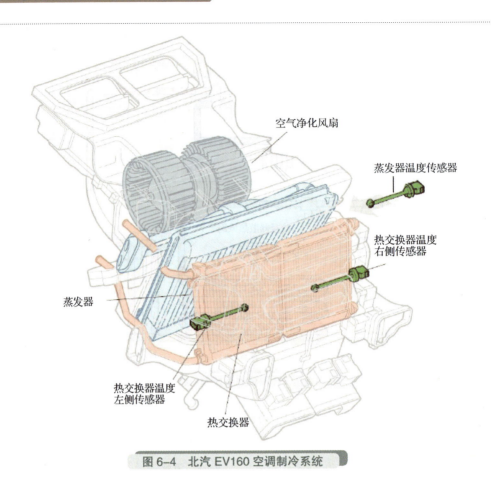

图 6-4　北汽 EV160 空调制冷系统

汽车空调制冷系统的工作原理如图 6-5 所示。

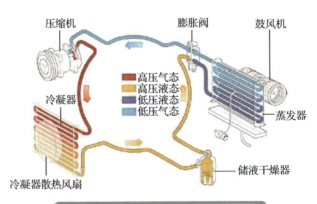

图 6-5　汽车空调制冷系统的工作原理

1. 压缩过程

压缩机运转时，蒸发器内产生的低压低温蒸气被吸入气缸，经过压缩后，形成高压高温蒸气并进入冷凝器。

压缩机起着压缩和输送制冷剂的作用。

2. 冷凝过程

在冷凝器中，高压高温的制冷剂蒸气与外面的空气进行热交换，放出热量使制冷剂冷凝成高压高温液体，然后经储液干燥器干燥和过滤后流入膨胀阀。

冷凝器是放出热量的设备，制冷剂从蒸发器中吸收的热量连同压缩机消耗机械能所转化的热量一起经冷凝器散到大气中。

3. 节流过程

高压高温液体制冷剂经膨胀阀的节流，压力和温度急剧下降，制冷剂以低压低温的气液混合状态进入蒸发器。

膨胀阀对制冷剂起节流降压作用，同时调节进入蒸发器制冷剂液体的流量。

4. 蒸发过程

在蒸发器里，低压低温液体制冷剂吸取车厢内空气的热量，气化成低压低温蒸气并进入压缩机进行下一轮循环。

蒸发器是输出冷量的设备，制冷剂在其中吸收空气的热量实现降温。

1.4 空调配气系统

空调配气系统的结构如图6-6所示。

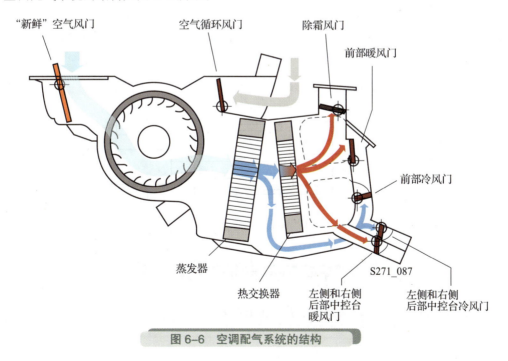

图6-6 空调配气系统的结构

空调配气系统的工作模式如表 6-2 所示。

表 6-2 空调配气系统的工作模式

配气位置及模式	控制开关工作位置	操作
进气风门	弹起（不亮）	外循环：吸入新鲜空气
	按下（黄色）	内循环：再循环内部空气
模式调节	脚部/除霜	通过前除霜器和侧调风器对风窗玻璃除霜，同时从前、后放脚坑调风器风管中送出空气
	除霜器	通过前除霜器和侧调风器对风窗玻璃除霜
	脚部	空气从方脚坑调风器风管、后方脚坑调风器风管和侧调风器吹出。此外，空气从前除霜器中轻轻吹出。
	双极	空气从中央调风器、侧调风器和前、后方脚坑调风器风管中送出
	面部	空气从中央调风器和侧调风器中吹出

1.5 电动压缩机

电动压缩机工作时，电流从动力电池正极通过动力电池正极接触器、高压盒中的电动压缩机熔断器到压缩机驱动控制模块，通过动力电池负极接触器回到动力电池负极，在压缩机驱动控制模块直流电变为三相交流电驱动电动压缩机，如图 6-7 所示。

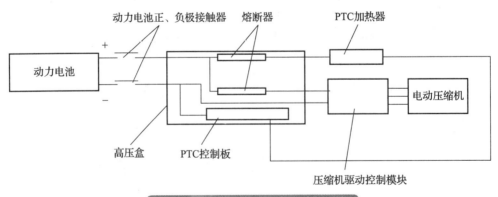

图 6-7 电动压缩机供电回路

大多数电动汽车采用电动涡旋压缩机，如图 6-8 所示。

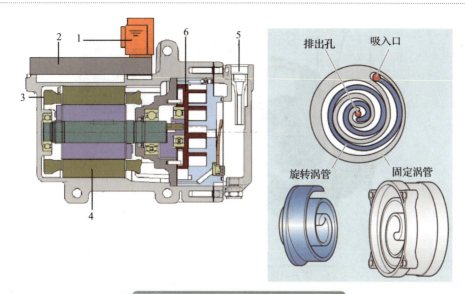

图 6-8　电动涡旋压缩机

1—高压插件接口；2—驱动控制模块；3—空调压缩机入口；4—直流无刷电机；
5—空调压缩机出口；6—涡旋式压缩机

电动涡旋压缩机主要由高低压插接件、驱动控制模块、直流无刷电机和涡旋压缩机组成。涡旋式压缩机由固定涡管和旋转涡管组成，两涡管相切，相互啮合形成一组月牙形空间。电动涡旋压缩机的工作原理如图 6-9 所示。

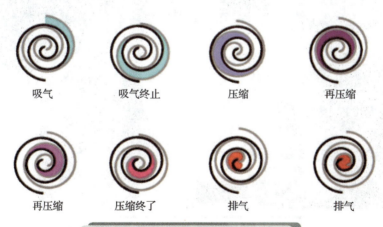

图 6-9　电动涡旋压缩机的工作原理

随着旋转涡管的旋转，月牙形空间逐步移动，容积越来越小，通过吸入口吸入的制冷剂被压缩，直至从排出孔排除。如此周而复始完成吸气、压缩、排气工作过程，整个过程是连续的。理论上，涡旋圈数愈多，动作愈平稳，效率愈高。实际应用中，为了防止过压缩和受直径限制，一般汽车空调涡旋压缩机的涡旋圈数为 2.5~3 圈。

电动压缩机的连接如图 6-10 所示。

第六章 辅助系统

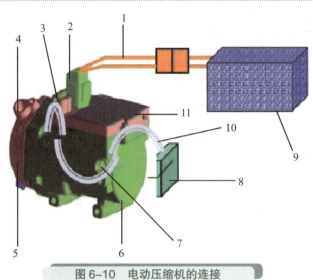

图6-10 电动压缩机的连接

1—直流高压线束；2—高压插接件；3—低压插接件；4—制冷剂出口；5—涡旋压缩机；6—直流电动机；7—制冷剂进口；8—整车控制器（VCU）；9—高压盒；10—低压线束；11—驱动控制模块

电动压缩机在车上的位置和连接如图6-11所示。

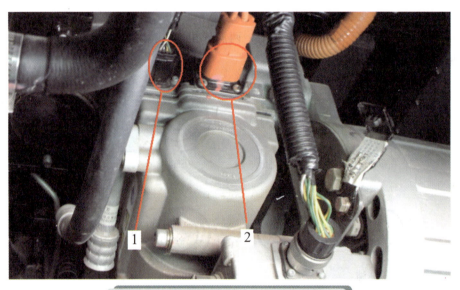

图6-11 电动压缩机在车上的位置和连接

1—电动压缩机低压插接件；2—电动压缩机高压插接件

1.6 膨胀阀

常用的膨胀阀有热力膨胀阀和H型膨胀阀（见图6-12），其中，热力膨胀阀有外平衡和内平衡两种形式。北汽EV160电动空调系统膨胀阀就是H型膨胀阀。

膨胀阀的结构和工作原理如图6-13所示，膨胀阀有两组接口。第一组接口中，一个接储液干燥器出口，膨胀阀将制冷剂降压膨胀后经另一个接口接蒸发器进口，使制冷剂流入蒸发器;第二组接口中,一个接蒸发器出口,另一个接压缩机进口。膜片下面的感温元件处于从蒸发器出口到压缩机入口的制冷剂气流中,感受蒸发器温度,从而调整进入蒸发器的制冷剂量。

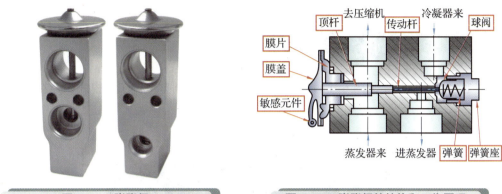

图 6-12 膨胀阀　　　　图 6-13 膨胀阀的结构和工作原理

1.7 制冷剂和冷冻油

1. 制冷剂

在制冷系统中用于转换热量并且循环流动的物质称为制冷剂。汽车空调系统使用的制冷剂通常有 R12、R134a,现在普遍使用的是 R134a。英文字母 R 是 Refrigerant(制冷剂)的简称,其数字代号使用的是美国制冷工程师协会(American Society of Refrigerating Engineers,ASRE)编制的代号系统。

R134a 制冷剂的分子式为 CH_2FCF_3,是卤代烃类制冷剂中的一种。北汽 EV160 电动空调制冷系统使用的制冷剂是 R134a 制冷剂。

2. 冷冻油

冷冻油是制冷压缩机的专用润滑油,可保证压缩机正常运转、可靠工作和延长使用寿命,主要作用有润滑、密封、冷却、降低压缩机噪声。

冷冻油的类型如下。

(1)PAG(聚烃乙二醇)

PAG 是 Polyalkylene Glycol 的缩写,是一种合成的聚乙二醇类润滑油。PAG 油和 HFC 制冷剂具有很好的相溶性,而且黏度指数很高,因此在汽车空调中应用较为广泛。PAG 的主要缺点为吸湿性太高、电气绝缘性不佳。

(2)POE(聚酯类润滑油)

POE 是 Polyol Ester 的缩写,又称聚酯油,是一类合成的多元醇酯类油。以 POE 的分子结构来看,其可以分为直线型(Linear Type)POE、分枝型(Branched Chain Type)POE 及结合直线型和分支型的复合结构型(Complex Type)POE。直线型 POE 有较佳的润滑性及生物可分解性,分枝型 POE 与制冷剂的相溶性、与水溶合的稳定度和耐蚀性等性能较佳,复合结构型 POE 兼取了前二者的优点。这 3 种 POE 由于成本及效能的差异被不同的制冷制造商所使用,目前主流的 POE 为复合结构型 POE，因为它适用范围广。由于 POE 的绝缘性好，所以北汽 EV160 电动空调压缩机采用的冷冻油型号是 POE68。

1.8 空调制冷系统的控制

可以通过空调面板（见图 6-14）上各个按键或旋钮来调整空调工作模式，并在液晶显示屏上显示。

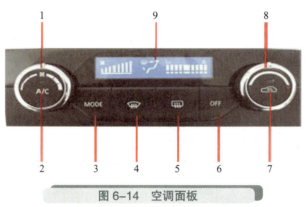

图 6-14 空调面板

1—风速调节旋钮；2—A/C 开关；3—模式调节按钮；4—前除霜快捷键；5—后除霜快捷键；6—空调关闭按键；7—循环模式开关；8—温度调节旋钮；9—液晶显示屏

主要功能如下：

1）风速调节旋钮：增减出风口风速。

2）A/C 开关：控制空调制冷功能的开启与关闭。按下此开关发出制冷请求，A/C 开关指示灯点亮。

3）模式调节（MODE）按钮：调节出风方向。可根据需要调整出风方向（仅面部、仅脚部、面部及脚部、脚部及除霜、仅除霜共 5 种），选择出风方向后在液晶显示屏上显示。

4）前除霜快捷键：按下此开关，出风模式将快速切换到前除霜模式，再按一次则退出前除霜模式并自动恢复到上次工作状态。

5）后除霜快捷键：按下此开关，后除霜模式启动。当除霜器工作时，开关上的指示灯点亮，除霜器关闭时，指示灯熄灭。后窗加热仅在起动开关置于 ON 位时可工作，并在约 15min 后自动关闭。

6）空调关闭（OFF）按键：按下此键后，空调系统所有执行机构停止工作，液晶屏无显示。后除霜、内外循环功能可在空调关闭条件下实现。

7）循环模式开关：开关上的黄色指示灯点亮，为内循环模式；开关上的黄色指示灯熄灭，为外循环模式。在开启制冷或制热功能后，循环模式自动切换到内循环状态，以保证快速降温或升温，此时可手动改变循环模式。

8）温度调节旋钮：改变出风温度。旋钮调至热区时，自动开启电加热器；仅在旋钮调至冷区时，可支持开启电动制冷系统。

9）液晶显示屏：从左到右，分别显示风速挡位、出风模式、温度状态。

面部通风口调节面板如图 6-15 所示。

图6-15 面部通风口调节面板

1）左右、上下调节：通过移动百叶片中心的连杆来调整风向（向上或向下，向左或向右）。
2）通风口风量调节：旋转外部调节旋钮调节对应吹面出风口风量的大小。

汽车空调暖风系统是汽车冬季行驶时供车内取暖的设备总称。暖风系统可将新鲜空气或液体介质送入热交换器，吸收其中某种热源的热量，从而提高空气或液体介质的温度，并将热空气或被加热的液体送入车内，直接或通过热交换器，提高车内环境温度；当车上玻璃结霜和结雾时，可以输送热风来除霜和除雾，达到舒适性和安全性的要求。

2.1 空调暖风系统的作用及分类

空调暖风系统的作用如下。

1）加热器和蒸发器一起将冷热空气调节到人体所需要的舒适温度。现代汽车空调已经发展到冷暖一体化的水平，可以全年地对车厢内的空气温度进行调节。

2）冬季取暖。冬天由于天气寒冷，人在行驶的汽车内会感到更寒冷。这时，汽车空调可以向车内提取暖气，以提高车厢内的温度，使乘员感觉舒适。

3）车上玻璃除霜。冬季或者春秋季，室内外温差较大，车上玻璃会结霜或起雾，影响司机和乘客的视线，不利于行车安全，这时可以用热风除霜和除雾。

根据热源不同，汽车暖风装置可分为如下几种形式。

1）利用发动机冷却液的热量实现暖风系统的装置，称为水暖式暖风装置。这种形式多用于轿车、大型货车及采暖要求不高的大客车上。

2）利用发动机排气系统的热量实现暖风系统的装置，称为气暖式暖风装置。这种形式多用于风冷式发动机汽车和有特殊要求的汽车上。

3）装有专门燃烧机构的暖风装置，称为独立燃烧式暖风装置。这种形式多用于大型客车上。

4）既利用发动机冷却液的热量，又装有燃烧预热器的综合加热装置，称为综合预热式暖风装置。这种形式多用于豪华大型客车。

2.2 热泵式空调暖风系统

电动汽车热泵式空调暖风系统主要由压缩机、单向阀、四通换向阀、节流装置（双向热力膨胀阀）、室内换热器、室外换热器和气液分离器等组成，如图6-16所示。

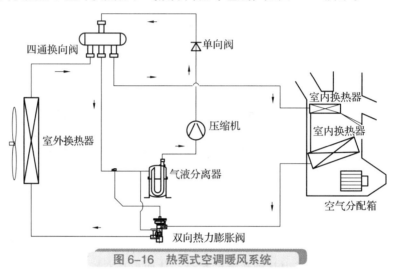

图6-16 热泵式空调暖风系统

制冷模式下，压缩机出口排出的高温高压制冷剂气体经单向阀、四通换向阀进入室外换热器，在室外换热器内向外界空气放热冷凝为高温高压的制冷剂液体，流经双向热力膨胀阀进行节流降压，节流后制冷剂变为低温低压的制冷剂蒸汽进入室内换热器，吸收室内空气热量以达到降低车厢内温度的目的，最后从室内换热器排出的低温低压制冷剂经四通换向阀、气液分离器被压缩机吸入气缸进入下一个制冷循环。

制热模式下，从压缩机出口排出的高温高压制冷剂气体经单向阀、四通换向阀进入室内换热器，向车内空气放热以达到提升车厢内温度的目的，制冷剂放热后冷凝为低温高压的制冷剂液体流经双向热力膨胀阀进行节流降压，节流后的制冷剂蒸汽进入室外换热器与室外空气进行热交换，吸热后从室外热交换器排出的低温低压制冷剂经四通换向阀、气液分离器被压缩机吸入气缸，进入下一个制热循环。

2.3 PTC加热器式暖风系统

PTC（Positive Temperature Coefficient，正温度系数）加热器是采用PTC热敏电阻元件作为发热源的一种加热器。

PTC热敏电阻通常是用半导体材料制成的，它的电阻随温度变化而急剧变化。当外界温度降低时，PTC电阻值随之减小，发热量反而相应增加。PTC热敏电阻按材质可以分为陶瓷PTC热敏电阻和有机高分子PTC热敏电阻。用于空调辅助电加热器的是陶瓷PTC热敏电阻。PTC

热敏电阻元件因具有随环境温度的变化,其电阻值随之增加或减小的变化特性,所以 PTC 加热器具有节能、恒温、安全和使用寿命长等特点。

有些车辆采用了余热 + 辅助 PTC 的形式:利用大功率器件(功率变换器、驱动电机、电机控制器等)工作时产生的热量对车内环境进行热交换,当热量不足时,启用辅助 PTC 加热器。

1. PTC 元件的工作特性

(1) PTC 元件的电阻 – 温度特性

PTC 元件的电阻 – 温度特性指在规定的测量电压下,额定零功率电阻 R_{25}(指环境温度 25℃条件下测得的零功率电阻值)与电阻自身温度之间的关系,如图 6-17 所示。

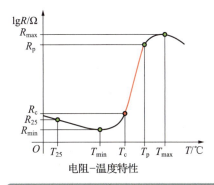

图 6-17 电阻 – 温度特性(R–T 特性)

T_{25}—指环境温度 25℃;T_{min}—PTC 元件最小电阻时的温度;T_c—PTC 元件的居里点温度;T_p—PTC 元件比例变化终点温度;T_{max}—PTC 元件电阻值最大时的温度;R_{min}—PTC 元件的最小电阻;R_{25}—指环境温度 25℃条件下测得的零功率电阻值;R_c—PTC 元件居里点电阻;R_p—PTC 元件比例变化终点电阻;R_{max}—PTC 元件最大电阻

(2) PTC 元件的电压 – 电流特性

PTC 元件的电压 – 电流特性又称为伏安特性,指常温下,PTC 热敏电阻在加电气负载达到热平衡的情况下电压与电流的相互依赖关系,如图 6-18 所示。

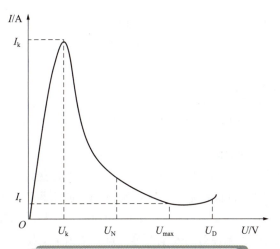

图 6-18 电压 – 电流特性(U–I 特性)

I_k—外加电压 U_k 时的动作电流;I_r—外加电压 U_{max} 时的残余电流;U_{max}—最大工作电压;U_N—额定电压;U_D—击穿电压

PTC热敏电阻的伏安特性大致可分为3个区域。

1）线性区：0~U_k 之间的区域，此时的电压和电流的关系基本符合欧姆定律，不产生明显的非线性变化。

2）跃变区：U_k~U_{max} 之间的区域，此时由于PTC热敏电阻的自热升温，电阻值产生跃变，电流随着电压的上升而下降，所以此区也称动作区。

3）击穿区：U_D 以上的区域，此时电流随着电压的上升而上升，PTC热敏电阻的阻值呈指数型下降，于是电压越高，电流越大，PTC热敏电阻的温度越高，阻值反而越低，很快就导致PTC热敏电阻发生热击穿。

伏安特性是过载保护PTC热敏电阻的重要参考特性。

PTC加热器的输出功率会随环境温度的升高而明显降低，也可以理解为：室温越低，PTC加热器的输出功率越大，加温也就越迅速；随着室温升高，PTC加热器的输出功率逐步下降，升温效果也就越趋缓慢。在风量不变的情况下，当环境温度上升时，PTC加热器的功率下降，这一特征在一定程度上起到了功率自动调节的作用。

2. PTC加热器的传导方式

PTC加热器的传导方式有3类。

（1）热传导

以热传导为主的PTC陶瓷加热器，其特点是通过PTC发热元件表面安装的电极板（导电兼传热）+绝缘层（隔电兼传热）+导热蓄热板（有的还附加有导热胶）等多层传热结构，把PTC元件发出的热量传到被加热的物体上。

（2）对流

以所形成的热风进行对流式传热的各种PTC陶瓷热风器，其特点是输出功率大，并能自动调节吹出风温和输出热量。

（3）热辐射

PTC陶瓷红外线辐射加热器，其特点是利用PTC元件或导热板表面迅速发出的热量直接或间接地激发接触其表面的远红外涂料或远红外材料使之辐射出红外线。

3. 空调PTC加热器的分类

空调PTC加热器可以分为粘接式陶瓷PTC加热器和金属PTC管状加热器。

（1）粘接式陶瓷PTC加热器

粘接式陶瓷PTC加热器是将多个陶瓷PTC芯片及铝波纹散热片用耐高温树脂胶粘接在一起的加热器，其散热性好，电气性能稳定。粘接式陶瓷PTC加热器又分为加热器表面带电型和加热器表面不带电型。采用PTC陶瓷发热体制造的暖风机具有优异的调温与节能特性、极低的热惯性良好的抗振性及无明火、无辐射的安全性等优点。丰田卡罗拉、凯美瑞等车型很多装备了粘接式陶瓷PTC加热器辅助加热暖风装置。北汽EV160暖风系统采用的也是陶瓷PTC加热器。

（2）金属 PTC 管状加热器

金属 PTC 管状加热器采用镍铁合金丝作为发热材料，发热管外镶铝散热片，其散热效果非常好。加热器配合温度控制器和热熔断器一起使用，更安全、可靠。

2.4 北汽 EV160 空调暖风系统

北汽 EV160 空调暖风系统称为 HVAC（Heating、Ventilation and Air Conditioning，供热、通风与空气调节）系统，将原车利用发动机冷却液热量进行制暖的原理变更为采用 PTC 加热器直接加热内部空气的方式。

北汽 EV160 电动空调暖风系统的电路连接如图 6-19 所示。

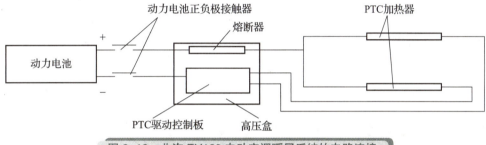

图 6-19 北汽 EV160 电动空调暖风系统的电路连接

北汽 EV160 电动空调 PTC 加热器（见图 6-20）具有发热速度快、温度高且可控等优点，但耗电功率大，需 2kW 以上，对车辆续航能力有较大影响。PTC 本体由于温度相对较高，需周边结构件配合为其提供空间，防止塑料件受热变形，同时 HVAC 内海绵及润滑脂易因高温产生异味。

北汽 EV160 电动空调暖风系统采用两级式控制，如图 6-21 所示。PTC 控制器根据环境温度、PTC 加热器温度、空调温度调节旋钮及动力电池电压等控制 PTC 加热器中两个电热芯的通断。PTC 控制器安装在高压盒中。

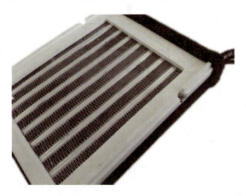

图 6-20 北汽 EV160 电动空调 PTC 加热器

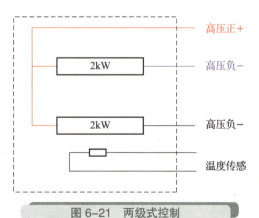

图 6-21 两级式控制

电动助力转向系统 3

电动机械助力转向系统（EPS）是机电一体的产品，该系统没有了液压助力系统的液压泵、液压管路、转向管柱阀体等结构，结构非常简单，通过减速器以纯机械方式将电机产生的助力传递到转向系统上，如图6-22所示。

图6-22 电动助力转向系统

3.1 电动助力转向系统的组成

电动助力转向系统主要由转矩传感器、车速传感器、电动机、减速机构和电子控制单元（ECU）等组成，如图6-23所示。一般的工作原理为：当转动转向盘时，通过转向柱带动扭转传感器将转角信号输入ECU中，ECU根据扭转传感器信号使电机传动，经过减速机构减速后带动齿轮齿条式转向器转动，从而带动转向横拉横向移动使转向轮转向。

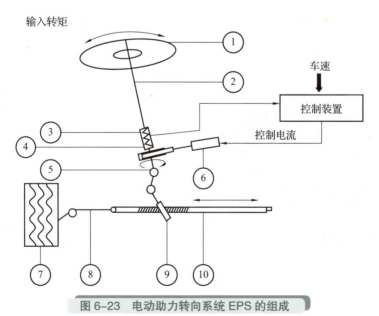

图6-23 电动助力转向系统EPS的组成

1—转向盘；2—转向柱；3—扭矩传感器1；4—扭矩传感器2；5—万向节；6—电机及减速机构；
7—车轮；8—左转向横拉杆；9—齿轮齿条式转向器；10—右转向横拉杆

3.2 电动助力转向器的分类

根据助力方式，电动助力转向器可以分成4种类型，即管柱式（C-EPS）、小齿轮式（P-EPS）、双小齿轮式（DP-EPS）和齿条平行式（RP-EPS）。随着科技的进步，还出现了结合电动助力转向和液压助力转向优点的电动泵式液压助力转向器（H-EPS）。

1. 管柱式电动助力转向器（C-EPS）

C-EPS的电机和减速齿轮布置在转向管柱上，电机提供的转矩和驾驶员提供的转矩共同作用于转向管柱，并通过中间轴、小齿轮传递给齿条，实现助力，如图6-24所示。这种助力系统特别适合于不需要太大助力的紧凑型车型。由于这种电机布置在离转向盘较近的地方，所以电机的振动会传递到转向盘上。

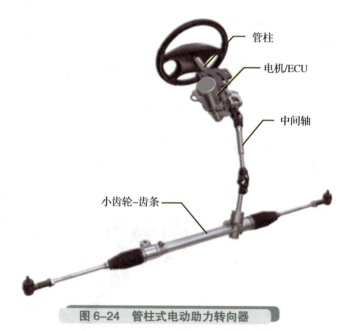

图6-24 管柱式电动助力转向器

特点：

1）适应性强，可根据不同车型选用和定制汽车电动助力转向管柱和控制器，同时进行助力匹配，可广泛应用在0.6~1.8L排量的经济型轿车和微型轿车。

2）结构紧凑，安装方便，所需安装空间小。

3）低速时转向轻便，高速时操纵稳定，回正性能优良。

4）可靠性高，免维护。

5）具有自诊断和安全控制功能。

2. 小齿轮式电动助力转向器（P-EPS）

P指的是Pinion（小齿轮），顾名思义助力是加在小齿轮上的。如图6-25所示，电机布置在小齿轮与齿条啮合处,这种系统更加紧凑,能够节省很大的布置空间。由于其提供的助力不大,所以其只适合于小型车。

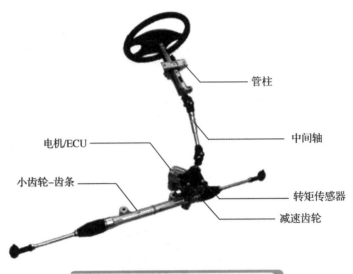

图 6-25　小齿轮式电动助力转向器

3. 双小齿轮式电动助力转向器(DP-EPS)

DP 指的是 Dual-Pinion(双小齿轮),即这种转向机有两个小齿轮与齿条啮合,一个是电机驱动,一个是人的受力驱动,如图 6-26 所示。

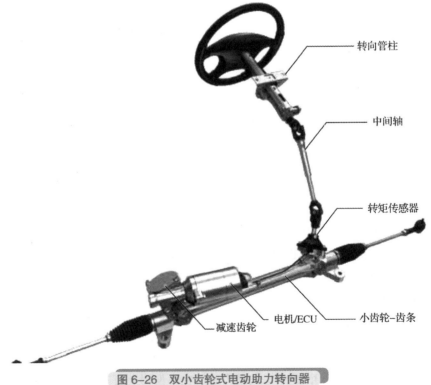

图 6-26　双小齿轮式电动助力转向器

4. 齿条平行式电动助力转向器（RP-EPS）

RP 指的是 Rack Parallel（齿条平行式），采用这种助力形式的转向系统，电机直接布置在齿条上，直接给齿条助力，如图 6-27 所示。这种系统的助力较大，适合于中大型车辆。这种形式的转向系统一般通过滚珠丝杠和传动带将电机的助力传递到齿条上。

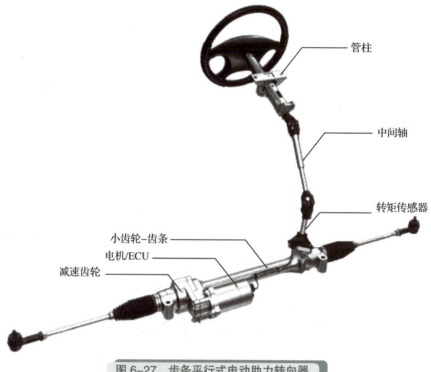

图 6-27 齿条平行式电动助力转向器

5. 电动泵式液压助力转向器（H-EPS）

装有电动泵式液压助力转向器（见图 6-28）的系统又称为液压－电子助力转向系统，结合了电子助力转向系统精确可调和液压助力转向系统路感强的特点，是比较贵的一种转向系统。

图 6-28 电动泵式液压助力转向器

3.3 电动助力转向系统的工作过程

下面以 DP-EPS 为例介绍电动助力转向系统的工作过程。

1）驾驶员转动转向盘，转矩传感器检测转矩信号（注意：有的电动助力转向系统监控转角信号），并将信号发送给 ECU，ECU 根据得到的转矩信号和车速信号，再根据事先标定好的助力曲线决定电机提供多少助力。

2）电机提供的转矩由减速齿轮放大，并传递给小齿轮。驾驶员提供的转矩和电机提供的转矩都通过小齿轮传递给齿条，齿条横向移动实现转向，如图 6-29 所示。

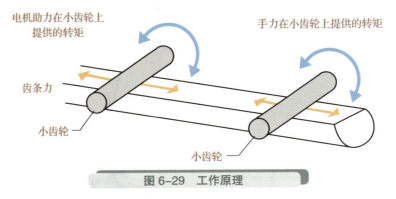

图 6-29 工作原理

3.4 北汽 EV160 助力转向系统

北汽 EV160 助力转向系统采用电机、齿轮齿条结构，如图 6-30 所示。

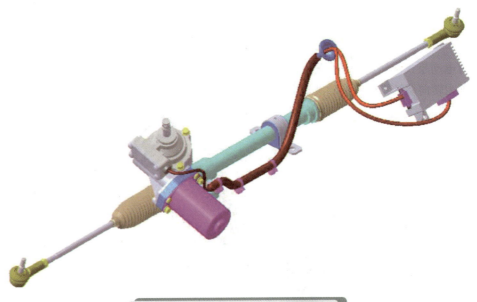

图 6-30 北汽 EV160 助力转向系统

系统主要参数如表6-3所示。

表6-3 系统主要参数

参数	说明
适用的载荷 /kg	≤890
齿条行程 /mm	±71.5
线传动比 /(mm·r^{-1})	44.15
蜗轮蜗杆传动比	1:18
电机额定电流 /A	52
电机额定转矩 /(N·m)	2.36
电机额定电压 /V	DC12
工作环境温度 /℃	-30~+100
储存环境温度 /℃	-40~+120
控制器额定电压 /V	DC12
控制器工作电压范围 /V	9~16
控制器工作电流 /A	0~90
传感器额定电压 /V	DC5
传感器的类型	非接触式
助力电机功率 /W	360

北汽EV160助力转向系统的主要结构如下。

1）电机总成：安装在转向器上的电机总成由一个蜗杆、一个蜗轮和一个直流电机组成。当蜗杆与安装在转向器输出轴上的蜗轮啮合时，它降低电机速度并把电机输出力矩传递到输出轴。

2）转矩传感器：由两个带孔圆环、线圈、线圈盒及电路板组成。它获得转向盘上操作力大小和方向信号，并把它们转换为电信号，传递到EPS控制盒。

北汽EV160助力转向系统的电气原理如图6-31所示。

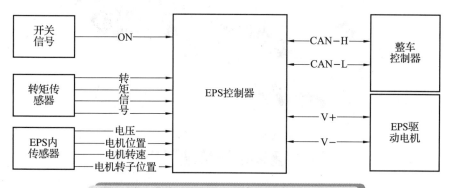

图6-31 北汽EV160助力转向系统的电气原理

转向系统控制策略：

1）当整车处于停车下电状态时，转向系统不工作（转向系统不进行自检、不与 VCU 通信、转向系统驱动电机不工作）；当开关处于 ON 位，ON 位继电器吸合后 EPS 开始工作。

2）转向系统正常工作时，转向系统根据接收来自 VCU 的车速信号、唤醒信号及来自转矩传感器的转矩信号和转向系统助力电机的位置、转速、转子位置、电流、电压信号等进行综合判断，以控制转向系统助力电机的转矩、转速和方向。

3）转向控制器在上电 200ms 内完成自检，上电 200ms 后可以与 CAN 线交互信息，上电 300ms 后输出 470 帧（转向故障和转向状态上报帧），上电 1200ms 后输出 471 帧（版本信息帧）。

4）当转向系统检测到故障时，通过 CAN 总线向 VCU 发送故障信息，并采取相应的处理措施。

制动系统

制动系统是汽车的安全系统。制动系统是汽车上用以使外界（主要是路面）在汽车某些部分（主要是车轮）施加一定的力，从而对其进行一定程度的强制制动的一系列专门装置，如图 6-32 所示。制动系统的作用如下。

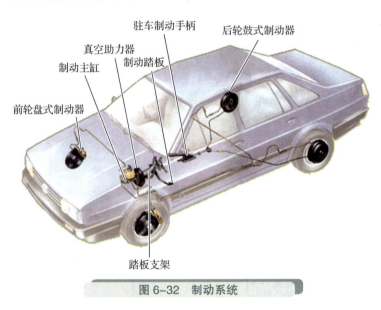

图 6-32 制动系统

1)使行驶中的汽车按照驾驶员的要求进行强制减速,甚至停车;
2)使已停驶的汽车在各种道路条件下(包括在坡道上)稳定驻车;
3)使下坡行驶的汽车的速度保持稳定。

1. 制动系统的组成

制动系统的主要部件如图 6-33~图 6-36 所示。

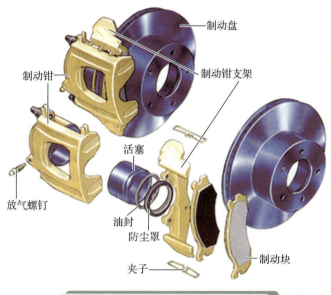

图 6-33 制动器

图 6-34 制动真空助力器

图 6-35 ABS 控制器

2. 制动器的工作原理

电动汽车用制动器一般为"前盘后鼓"式（前轮采用盘式制动器，后轮采用鼓式制动器），盘式制动器的效率比鼓式制动器的高，但价格比较高。现在使用的盘式制动器主要为浮动钳工盘式制动器，制动钳体是浮动的。制动油缸均为单侧的，且与油缸同侧的制动块总成是活动的，而另一侧的制动块总成则固定在钳体上。电动汽车制动时，在油液压力作用下，活塞推动活动制动块总成，使其压靠到制动盘，而反

图 6-36 电动真空泵

作用力则推动制动钳体连同固定制动块总成压向制动盘的另一侧，直到两个制动块总成受力均等为止。鼓式制动器因价格便宜，使用得比较多，兼驻车制动的功能。

内张型鼓式制动器的工作原理：利用制动鼓的圆柱内表面与制动蹄摩擦片的外表面作为一对摩擦表面在制动鼓上产生摩擦力矩，在非工作的状态下，控制阀推杆回位弹簧将控制阀推杆推到右边的锁片锁定位置，真空阀口处于开启状态，控制阀弹簧使控制阀皮碗与空气阀座紧密接触，从而关闭了空气阀口。此时助力器的真空气室和应用气室分别通过活塞体的真空气室通道与应用气室通道经控制阀腔处相通，并与外界大气相隔绝。

3. 制动原理

当进行制动时，制动踏板被踏下，踏板力经杠杆放大后作用在控制阀推杆上。首先，控制阀推杆回位弹簧被压缩，控制阀推杆连同空气阀柱前移。当控制阀推杆前移到控制阀皮碗与真空阀座相接触的位置时，真空阀口关闭。此时，助力器的真空气室、应用气室被隔开，并且空气阀柱端部刚好与反作用盘的表面相接触。随着控制阀推杆的继续前移，空气阀口将开启。外界空气经过滤气后通过打开的空气阀口及通往应用气室的通道，进入助力器的应用气室（右气室），伺服力产生。

4. ABS 简介

ABS 制动压力调节器通常由电动泵、储能器、主控制阀、电磁控制阀和一些控制开关等组成。实质上，ABS（Antilock Brake System，制动防抱死系统）是通过电磁控制阀体上的控制阀控制分泵上的油压迅速变大或变小，从而实现防抱死制动功能的。

由于电动汽车中没有发动机，因此采用真空助力系统给制动系统进行助力。电动真空助力系统的工作过程为：当驾驶员发动汽车时，12 V 电源接通，电子控制系统模块开始自检，如果真空罐内的真空度小于设定值，真空压力传感器输出相应电压值至控制器，此时控制器控制电动真空泵开始工作，当真空度达到设定值后，真空压力传感器输出相应电压值至控制器，此时控制器控制真空泵停止工作，当真空罐内的真空度因制动消耗，真空度小于设定值时，电动真空泵再次开始工作，如此循环。

第七章
新能源汽车维护与检修

动力电池充电、维护与保养

动力电池是纯电动汽车中成本最高的,占整车成本的25%~60%,目前其使用寿命为3~7年,小于整车的使用寿命(10~15年)。合理的维护与保养,可以最大限度地延长动力电池的使用寿命,从而达到降低汽车使用成本的目的。

1.1 纯电动汽车的电能补充

纯电动汽车的电能补充模式可以分为两种,即充电模式和换电模式。其中,换电又称为机械充电,通过直接更换已充满电的动力电池来达到电动汽车电能补充的目的。纯电动汽车动力电池放电后，用直流电源连接动力电池，将电能转化为动力电池的化学能，使它恢复工作能力，这个过程称为动力电池充电。动力电池充电时，动力电池的正极与充电电源的正极相连，动力电池的负极与充电电源的负极相连，充电电源的电压必须高于动力电池的总电动势。

目前，电动汽车发展缓慢，主要原因是换电模式面临着如下问题：换电站建设成本太高；各企业的电动汽车技术标准不同，电池标准也千差万别；车企普遍不愿意共享技术标准等。随着2012年国务院印发的《节能与新能源汽车产业发展规划（2012—2020年）》出台，确立了以充电为主的电动汽车发展方向。

合适的充电方式不仅能够最大限度地发挥电池的容量，而且可以延长电池的使用寿命。电动汽车的充电方式可分为交流充电和直流充电两种：消费者在自家充电一般采用专业公司安装的充电墙盒进行交流充电，在公共停车场或充电站一般采用交流桩进行交流充电或采用直流桩进行直流充电。

1. 交流充电

纯电动汽车交流充电方式以较低的充电电流对电动车进行充电（其充电过程如图7-1所示），一般充电时间较长，也就是通常所说的慢充。交流充电方式的充电装置安装成本比较低，电动汽车家用充电设施（车载充电机）多采用这种充电方式；可以充分利用电力低谷时段进行充电，降低充电成本，提高充电效率，并延长电池的使用寿命。

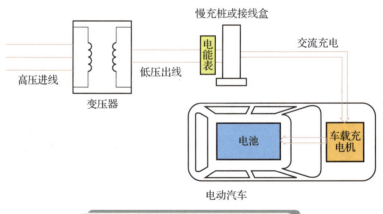

图7-1 电动汽车交流充电示意图

2. 直流充电

直流充电方式以较高的充电电流在短时间内为蓄电池充电（其充电过程如图7-2所示），充电时间短，也就是通常所说的快充。直流充电方式的充电装置安装成本相对较高，充电效率较低，对电池寿命有一定的影响。

第一节 动力电池充电、维护与保养

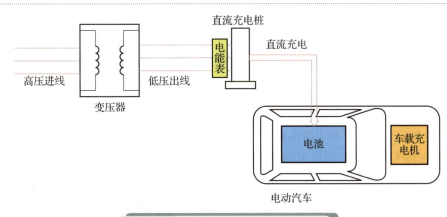

图 7-2 电动汽车直流充电示意图

1.2 北汽 EV160 的动力电池及充电系统

1. 北汽 EV160 的动力电池

北汽 EV160 的动力电池箱通过 10 个螺栓和车身连接，安装在整车下部。动力电池箱主要起到保护动力电池的作用，因此要求箱体要坚固、防水。箱体可以分为上箱体和下箱体。上箱体一般不会受到冲击，并且为了减轻质量采用玻璃钢材质。下箱体在整车的下部，防止遇到路面磕碰等情况而伤害动力电池，因此采用铸铁材质。上、下箱体之间通过硅酮胶进行密封，并有定位装置进行定位。

北汽 EV160 的动力电池主要由两大部分组成，即电池管理系统和电池本体部分。其中，电池管理系统相当于动力电池的神经中枢，主要对电池状态进行检测、对电池电量等进行管理。电池本体部分主要由动力电池组、动力电池箱及辅助器件 3 部分组成。

2. 北汽 EV160 的充电系统

北汽 EV160 的充电系统可以分为动力电池充电系统和低压蓄电池充电系统。动力电池充电系统利用外接电源给动力电池充电，低压蓄电池充电系统利用动力电池给低压蓄电池充电。

（1）动力电池充电系统

北汽 EV160 动力电池充电系统如图 7-3 所示，包括交流慢充和直流快充两种方式。慢充时，供电设备（慢充桩或家用交流电）通过慢充线、慢充口将交流电提供给车载充电机，车载充电机将其变成高压、直流电之后，送入高压控制盒，然后对动力电池进行充

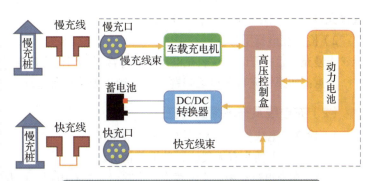

图 7-3 北汽 EV160 动力电池充电系统

电。快充时，供电设备（一般为快充桩）通过快充线、快充口将高压直流电提供给高压控制盒，然后对动力电池进行充电。

北汽EV160高配车型还具有远程充电控制功能，车主可以打开手机App通过车辆控制功能（见图7-4）进行一些远程操作，如远程充电等。低配车型尚无此功能。

（2）低压蓄电池充电系统

低压蓄电池充电系统的动力电池通过DC/DC转换器给蓄电池充电或给低压用电设备供电。图7-5所示为北汽EV160电动汽车的DC/DC转换器。

图7-4　北汽EV160手机App远程车辆控制功能　　图7-5　北汽EV160电动汽车的DC/DC转换器

1.3　北汽EV160充电系统的维护

1. 慢充检查

（1）慢充口盖开关状态检查

1）检查慢充口盖能否正常开启与关闭。

在主驾驶室门框附近有充电口解锁拉手，拉动充电口盖拉手，则慢充口盖应正常打开，检查慢充口内外盖能否正常开启与关闭。

2）检查充电指示灯。

当慢充口盖打开时，仪表充电指示灯应常亮，当慢充口盖关闭时，仪表充电指示灯应熄灭。

注意：如果慢充口盖出现问题，则车辆将无法正常起动。

（2）充电线及充电插头检查

1）检查充电线外观有无裂纹、破损等情况。

2）检查充电插头有无裂纹、破损等情况。

注意：在充电过程中，充电线会产生热量，如有破损，应及时更换，以免对人员及车辆造成损伤。

(3) 充电测试

注意：进行充电前要保证点火开关位于 OFF 位、驻车制动器应拉紧并且换挡旋钮在 N 位。

1）将慢充线连接到充电桩上（或将交流充电线连接到可靠接地的 220V/16A 交流电源上）。北汽 EV160 随车配备的充电线及充电枪开关位置，如图 7-6 所示。

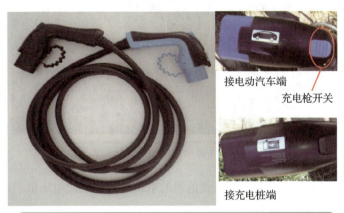

图 7-6　北汽 EV160 随车配备的充电线及充电枪开关位置

2）按下充电枪开关。
3）将充电枪插入慢充口。
4）确保连接正常后，松开充电枪开关；
5）观察仪表盘，应显示充电状态；
6）打开机舱盖，检查车载充电机工作状态。

车载充电机各指示灯的定义如表 7-1 所示。

表 7-1　车载充电机各指示灯的定义

名称	标记	颜色	状态	定义
电源指示灯	Power	绿色	亮	车载充电机接通交流电源
			不亮	车载充电机供电出现故障
充电指示灯	Charge	绿色	亮	车载充电机进入充电状态
			不亮	电池已充满或电池无充电请求
报警指示灯	Error	红色	亮	慢充系统出现故障

当充电正常时，电源指示灯和充电指示灯应都点亮。当电源指示灯亮起 30s 后充电指示灯仍然不亮，说明电池已充满或电池无充电请求。当报警指示灯点亮时，说明慢充系统出现异常。当电源指示灯不亮时，说明车载充电机供电出现故障，应检查充电桩、充电线束及插接件。

2. DC/DC 转换器功能测试

DC/DC 转换器功能测试主要是检测 DC/DC 转换器输出电压，检测方法如下。

1）将点火开关置于 OFF 位，断开所有用电器并拔出钥匙。
2）按压低压蓄电池锁压件，如图 7-7 所示，打开盖板并裸露出低压蓄电池正极。

图 7-7　低压蓄电池锁压件及锁扣位置

3）使用专用万用表电压挡测量低压蓄电池的电压（并记录此电压值）。

4）将点火开关置于 ON 位。

5）使用专用万用表电压挡测量低压蓄电池的电压，这时所测的电压值就是 DC/DC 转换器输出的电压。DC/DC 转换器正常输出电压为 13.2~13.5V（或 13.5~14V）（关闭车上的用电设备的情况下）。车上用电设备未关闭、专用万用表测量值有误差或 DC/DC 转换器故障都会导致 DC/DC 转换器输出电压小于规定值。

3. 快充口绝缘检测

1）检查绝缘手套绝缘等级。

2）检查绝缘手套密封性。

3）佩戴绝缘手套。

4）穿上绝缘鞋。

5）将兆欧表挡位旋至 500V。兆欧表如图 7-8 所示。

图 7-8　兆欧表

6）打开快充口外盖。

7）打开快充口内盖。

8）用兆欧表检测快充口 DC+ 端子与车身之间的绝缘电阻，绝缘电阻值应大于 2.5MΩ。快充口端子如图 7-9 所示。

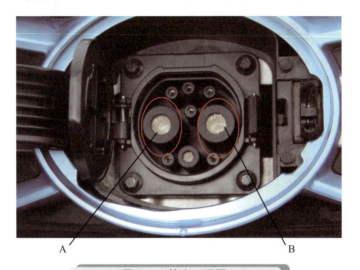

图 7-9　快充口端子

A—DC- 端子；B—DC+ 端子

9）用兆欧表检测快充口 DC- 端子与车身之间的绝缘电阻，绝缘电阻值应大于 2.5MΩ。注意：如果绝缘电阻值小于要求值，则应立即检查并更换快充线束。

1.4　动力电池系统的维护

1. 外观检查

1）举升车辆目测动力电池底部有无磕碰、划伤、损坏的现象。如有这些现象，则应及时予以修理或更换。

2）目测动力电池高低压插接件（见图 7-10）有无变形、松脱、密封及损坏等现象。如有这些现象，则应及时予以修理或更换。

图 7-10　动力电池高低压插接件

3）检查标识有无脱落。动力电池标识如图7-11所示。

图7-11 动力电池标识

4）检测动力电池固定螺栓力矩。固定螺栓标准力矩为95~105N·m。

2. BMS 维护

（1）CAN 电阻检查

目的：确保BMS与外界通信质量。

方法：用万用表欧姆挡测量CAN1（3）高端对CAN1（3）低端电阻，其端子定义如图7-12所示，CAN1（3）高端、CAN1（3）低端分别对应端子P和端子R。测量阻值应为120Ω。

图7-12 动力电池低压插接件端子定义

B—BMS供电正极；C—唤醒信号；F—负极继电器控制；G—BMS供电负极；H—继电器供电正极；
J—继电器供电负极；L—低压蓄电池正极；N—新能源CAN屏蔽；P—新能源CAN-H；R—新能源CAN-L；
S—动力电池内部CAN-H；T—动力电池内部CAN-L；U—快充CAN-H；V—快充CAN-L；W—动力电池CAN屏蔽

（2）BMS 程序升级

动力电池厂家会定期要求对BMS软件进行升级，以获得更佳的控制效率。该项工作一般采用专用仪器按照厂家升级规范进行。

3. 动力电池测试

（1）单体电池一致性测试

利用解码器读取单体电池信息，确认电池一致性。

（2）电箱内部温度采集点检查

目的：确保测温点工作正常，采集点合理。

方法：将电脑监控温度与红外测温仪所得温度对比，检查温度传感器的精度。

（3）继电器测试

目的：防止继电器损坏，车辆无法正常上高压。

方法：用监控软件开启、关闭总正、总负继电器。

（4）电池加热系统测试

目的：确保加热系统工作正常，避免冬季影响充电。

方法：电池箱通 12V 电源，打开监控软件，开启加热系统，利用软件读取电池温度。

（5）绝缘测试

注意：进行绝缘测试前，要按照规范进行下电作业。

目的：掌握电动汽车高压系统的运行状况，保证其绝缘的完好性，判断电气设备能否继续投入运行和预防损坏，使设备始终保持较高的绝缘水平。

方法：打开高压盒，用绝缘表测试继电器两端总正、总负对地电阻，阻值均应大于 500Ω/V（1000V）。其操作过程与快充口绝缘测试的相同，在此不再赘述。

4. 动力箱内部维护

（1）模组连接件检查

目的：防止螺钉松动，造成故障。

方法：用做好绝缘的扭力扳手紧固，扭矩值为 35N·m。

（2）电压采集线检查

目的：防止电压采集线连接不牢固，导致所测电压数据不准确。

方法：将电压采集线从板插接件拔下并安装一次。

（3）熔断器检查

目的：检查熔断器状态是否良好，保证遇到事故时其可正常工作。

方法：用万用表二极管挡测量通断。

（4）电箱密封检查

目的：保证电箱密封良好，防止水进入。

方法：目测密封条或更换密封条。

（5）高低压插接件可靠性检查

目的：确保插接件正常使用。

方法：检查是否存在松动、破损、腐蚀等情况。

（6）电池包安装点检查

目的：防止电池包脱落。

方法：目测检查每个安装点焊接处是否有裂纹。

（7）保温检查

目的：确保冬季电池包内部温度。

方法：目测检查电池包内部边缘保温棉是否脱落、损坏。

（8）电池包高低压线缆检查

目的：确保电池包内部线缆正常、不漏电。

方法：检查电池包内部线缆是否破损、是否受挤压发生变形。

2 驱动系统维护与保养

2.1 纯电动汽车驱动系统

纯电动汽车驱动系统（见图7-13）主要由电控单元、驱动电机、电机逆变器、各种传感器（加速踏板位置传感器、制动踏板开关、转向盘转角传感器等）、机械传动装置（变速器和差速器）和车轮等组成。

驱动系统它能够将动力电池输出的电能转换为车轮的机械能，驱动电动汽车行驶，并能够在电动汽车减速制动时，将车轮的动能转化为电能充入动力电池，是电动汽车的关键组成部分。它以驾驶员的操作（主要是加速踏板位置的操作）为输入，经过驱动系统电控单元的变换后，输出转矩给定值提供给电机逆变器，电机逆变器控制驱动电机的输出转矩，从而使电动汽车以预期的状态行驶。

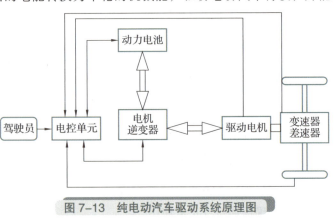

图7-13 纯电动汽车驱动系统原理图

2.2 北汽EV160驱动系统

北汽EV160纯电动汽车的驱动系统是永磁无刷电机系统，主要由驱动电机系统和减速驱动桥总成（减速驱动桥总成是一个减速器与主减速器、差速器组合在一起的总成）组成。北汽EV160驱动电机与减速驱动桥总成的位置如图7-14所示。

图7-14 驱动电机与减速驱动桥总成的位置
A—驱动电机；B—减速驱动桥总成

1. 驱动电机系统

驱动电机是纯电动汽车的核心部件之一，是车辆行驶的主要执行机构。其特性决定了车辆的主要性能指标，直接影响车辆动力性、经济性和用户驾乘感受。

北汽EV160驱动电机系统由驱动电机（DM）、电机控制器（MCU）构成，通过高低压线束、冷却管路，与整车其他系统进行电气和散热连接，如图7-15所示。

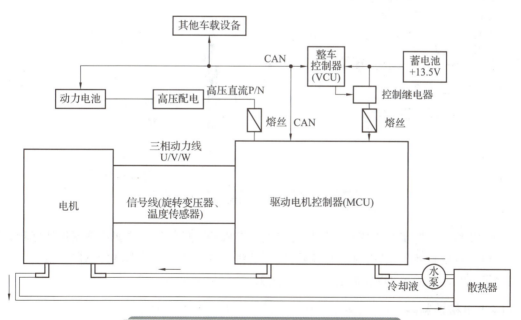

图7-15 北汽EV160驱动电机系统连接示意图

第七章 新能源汽车维护与检修

整车控制器（VCU）根据驾驶员意图发出各种指令，电机控制器响应并反馈，实时调整驱动电机输出，以实现整车的怠速、前行、倒车、停车、能量回收及驻坡等功能。电机控制器的另一个重要功能是通信和保护，实时进行状态和故障检测，保护驱动电机系统和整车安全可靠运行。

(1) 驱动电机

北汽EV160采用C33DB型永磁同步电机，这是动力系统的重要执行机构，是电能与机械能转化的部件，且自身的运行状态等信息可以被采集到电机控制器。其基本参数如表7-2所示，其结构如图7-16所示。

表7-2 北汽EV160驱动电机的基本参数

类型		永磁同步
尺寸（定子直径×总长）		245mm×280mm
性能参数	基速	2812r/min
	转速范围	0~9000r/min
	额定/峰值功率	30/53kW
	额定/峰值转矩	102/180N·m
防护等级		IP67

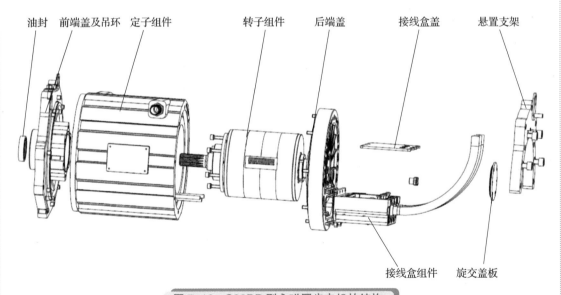

图7-16 C33DB型永磁同步电机的结构

C33DB型永磁同步电机依靠内置传感器提供电机的工作信息，这些传感器包括旋转变压器（用以检测电机转子位置，控制器解码后可以获知电机转速）及温度传感器（用以检测电机的绕组温度，控制器可以保护电机避免过热）。

(2) 电机控制器

C33DB电机控制器采用三相两电平电压源型逆变器，是驱动电机系统的控制中心，又称智能功率模块,以 IGBT(绝缘栅双极型晶体管)模块为核心,辅以驱动集成电路、主控集成电路。IGBT 模块对所有的输入信号进行处理,并将驱动电机控制系统运行状态的信息通过 CAN 2.0 网络发送给整车控制器。电机控制器内含故障诊断电路。当诊断出异常时,电机控制器将会激活一个错误代码,发送给整车控制器,同时存储该故障码和数据。

C33DB 电机控制器使用以下传感器来提供驱动电机系统的工作信息。

1)电流传感器:用于检测电机工作的实际电流(包括母线电流、三相交流电流)。

2)电压传感器:用于检测供给电机控制器工作的实际电压(包括动力电池电压、12V 蓄电池电压)。

3)温度传感器:用于检测电机控制系统的工作温度(包括 IGBT 模块温度、电机控制器板载温度)。

C33DB 驱动电机系统的工作原理如图 7-17 所示。在驱动电机系统中,驱动电机的输出动作主要靠控制单元给定命令执行,即电机控制器输出命令。电机控制器主要用于将输入的直流电逆变成电压、频率可调的三相交流电,供给配套的三相交流永磁同步电机使用。

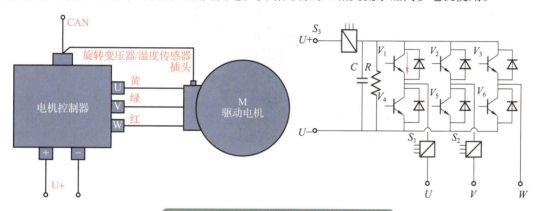

图 7-17　C33DB 驱动电机系统的工作原理

2. 减速驱动桥总成

C33DB 驱动电机系统搭载的减速驱动桥总成型号为 EF126B02,其主要功能是降低整车驱动电机的转速、提高转矩,以实现整车对驱动电机的转速、转矩需求。

EF126B02 型减速驱动桥的基本参数如表 7-3 所示。

表 7-3　EF126B02 型减速驱动桥的基本参数

驱动方式		横置前轮驱动
驻车功能		无
质量		23kg(不含润滑油)
性能参数	最高输入转速	9000r/min
	转矩	≤ 260N·m
	减速比	7.793
润滑油规格		GL-4 75W-90 合成油

2.3 北汽EV160冷却系统

北汽EV160的发热部件主要有动力电池、驱动电机、电机控制器、车载充电机、DC/DC转换器等。这些部件产生的热量如果不能及时地散发出去，将导致车辆限转矩运行，甚至损坏零部件。冷却系统的作用是保证其在要求的温度范围之内稳定、高效地工作。

部分北汽EV160的冷却系统如图7-18所示，驱动电机和电机控制器的冷却方式是水冷，其余零部件的冷却方式为风冷。还有部分北汽EV160的冷却系统将车载充电机、DC/DC转换器集成在一起采用水冷的方式。

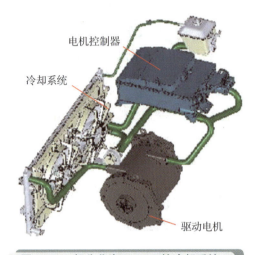

图7-18 部分北汽EV160的冷却系统

2.4 北汽EV160驱动系统的维护与保养

1. 电机控制器的维护与保养

（1）测量电机控制器低压插接件端子24引脚与1引脚之间的电压，如图7-19所示，此电压应为9~16V。

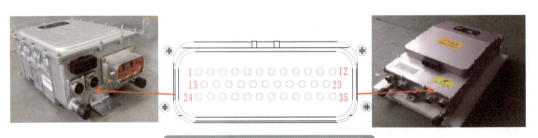

图7-19 电机控制器低压插接件端子

注意：在进行以下作业前要先对车辆高压下电。

（2）检查高压插接件是否插接牢靠。

（3）对电机控制器表面进行清洁。

2. 减速驱动桥的维护与保养

对于初次保养，减速器磨合后，建议3 000km或3个月更换润滑油，以后再进行定期维护。减速器维护周期如表7-4所示。

表7-4 减速器维护周期

续航里程/km	10 000	20 000	30 000	40 000	50 000	60 000
使用月数	6个月	12个月	18个月	24个月	30个月	36个月
维护方式	B	H	B	H	B	H

注：B为在维护与保养检查必要时更换润滑油，H为更换润滑油。此维护周期适用于任何路况。

减速驱动桥定期维护周期以里程表读数或使用月数判断，以先到为准。表7-4所示维护周期为60 000km以内的定期维护周期，超过60 000km按相同周期进行维护。在换油之前应先检查减速驱动桥是否漏油，对于非换油作业而举升车辆时，也应检查减速驱动桥是否漏油。

要求所换润滑油为GL-4 75W-90合成油，持续许用温度不小于140℃，油量为1.8~2.0L。

（1）更换润滑油

1）整车下电。

2）水平举升车辆，检查减速驱动桥是否漏油，如有漏油，则查明原因并处理。

3）拆下减速驱动桥放油螺塞，排放润滑油。加油螺塞与放油螺塞的位置如图7-20所示。

图7-20 放油螺塞与加油螺塞的位置

A—放油螺塞；B—加油螺塞

4）在放油结束后按规定转矩（12~18N·m）拧紧放油螺塞。如有需要可以在放油螺塞上涂抹少量密封胶（乐泰5699平面密封硅橡胶）。

5）拆下加油螺塞。

6）加注润滑油，直到加油螺塞孔有油液流出，说明油位合适，停止加注。

7）按规定转矩（12~18N·m）拧紧加油螺塞。

8）用抹布清洁减速器底部润滑油。

9）试车运行一段时间后，重新检查减速驱动桥是否漏油。

（2）减速驱动桥总成漏油及液位检查

1）整车下电。

2）举升车辆，检查内外侧半轴球笼防尘套（见图7-21）有无裂纹，有无油污，如有则建议更换防尘套。

3）检查减速驱动桥总成是否漏油，如有漏油，则查明原因并处理。

4）拆下放油螺塞，检查油位。如果润滑油能从加油螺塞孔缓慢流出，说明油位正常，否则应补充规定的润滑油，直到加油螺塞孔有油液流出为止。

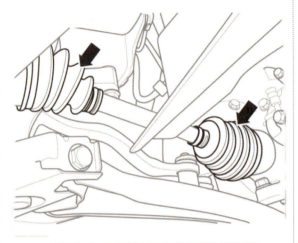

图7-21　内外侧半轴球笼防尘套

2.5　北汽EV160冷却系统的维护与保养

1. 检查风扇及水泵是否工作正常

冷却水热态下，目视检查风扇是否正常工作。通过观察冷却液补偿水桶是否有冷却水流回判断水泵是否正常，如回水管有水流出则水泵正常，否则水泵损坏。

2. 冷却液渗漏及液位检查

1）按规定进行下电操作。

2）举升车辆。

3）检查水泵（水泵在车辆底部靠近右前翼子板附近，位置如图7-22所示）及各水管接头有无渗漏现象，如有渗漏现象，则视情况进行处理。

4）降下车辆。

5）检查膨胀水箱冷却液液位，液位应该在MIN和MAX之间并靠近MAX。

图7-22　水泵的位置

6）根据情况适当添加冷却液。

注意：加注冷却液防冻温度最低约为-40℃，由于冷却液会损坏漆面，在加注时应避免冷却液泼溅到车身漆面上。冷却液有毒，应避免与眼睛、皮肤等接触。

3. 更换冷却液

建议冷却液的更换频次为每两年进行一次完全更换。冷却液冻温度最低约为 –40℃。对于风冷车载充电机车型整车加注量为 3.8L；对于水冷车载充电机车型整车加注量为 4.5L。建议使用专用的冷却液自动更换机加注冷却液。手工加注冷却液的流程（不建议使用）如下。

1) 按规定进行下电操作。
2) 缓慢拧开膨胀水箱盖，小心烫伤。
3) 举升车辆。
4) 拧松冷却液排放螺栓排放冷却液。冷却液排放干净后，拧紧冷却液排放螺栓。
5) 降下车辆。
6) 向膨胀水箱加入指定型号的冷却液，等液面高度位于 MIN 和 MAX 刻线之间时停止加注。
7) 拧上膨胀水箱盖，并对其进行清洁。
8) 按规定进行上电操作，并驾驶车辆行驶，试车一段时间。
9) 举升车辆，并检查冷却液排放螺栓处有无渗漏。
10) 降下车辆，再次检查冷却液液面高度。若高度低于最低液面，则添加适量冷却液至液位接近 MAX 刻线。

注意：

1) 手工加注冷却液可能会导致实际加入量低于标准值，因为在此过程中，存在于驱动电机及控制器中的冷却液无法彻底排出。
2) 在冬季或其他寒冷季节加注完冷却液后要对车辆冰点进行测试，保证冷却液的冰点满足使用要求。

4. 冷却液冰点测试

（1）冰点测试仪调零

1) 将冰点测试仪（见图 7-23）前部对准光亮的方向，用调节手轮调节目镜的折光度，直到能看到清楚的刻度。
2) 打开盖板，在棱镜的表面滴一两滴蒸馏水，盖上盖板并轻轻压平。

图 7-23　冰点测试仪

3) 调节调节螺钉，使得明暗分界线和零刻度线一致。

（2）测试冷却液冰点

1) 打开冰点测试仪盖板，将棱镜表面和盖板上的水分用纱布擦拭干净。
2) 打开膨胀水箱盖，并吸取少许冷却液。
3) 滴一两滴冷却液到棱镜表面上，盖上盖板并轻轻压平。
4) 读取冰点测试仪数值，该数值就是冷却液的冰点。
5) 测量完成后，将棱镜和盖板表面上的液体擦干净，等棱镜和盖板表面变干后，将冰点测试仪收好。
6) 盖上膨胀水箱盖。

空调系统维护与保养

3.1 北汽EV160空调系统

纯电动汽车空调系统和传统汽车的空调系统有着很大的不同,主要表现在两个方面,一是压缩机动力源,二是暖风系统热源。

传统汽车压缩机动力源自发动机,暖风系统热源多数利用的是发动机余热;而纯电动汽车没有发动机,因此要用其他方案进行解决,通常采用的方案是:压缩机由动力电池进行驱动,暖风系统采用辅助热源。

1. 北汽EV160空调制冷系统

北汽EV160空调制冷系统主要由电动压缩机、冷凝器、PTC加热器、空调控制面板、供热通风与空气HVAC(Heating Ventilation and Air Conditioning)总成等组成,如图7-24所示。

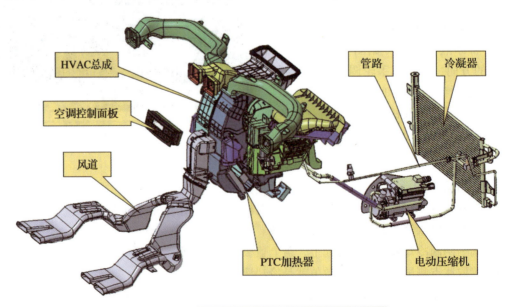

图7-24 北汽EV160空调系统的组成

空调制冷系统压缩机采用的是蜗旋式压缩机,与压缩机电动机及压缩机驱动控制器集成在一起,称为电动压缩机总成,如图7-25所示。

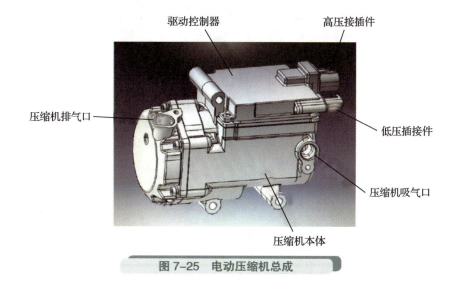

图7-25 电动压缩机总成

电动压缩机总成参数如表7-5所示。

表7-5 电动压缩机参数

	类型	直流无刷传感器电机
电机参数	工作电压	DC 220~420V
	额定电压	DC 384V
	实际功率	1 000~1 500W
	转速范围	1 500~3 500r/min
压缩机参数	类型	蜗旋式
	排量	27mL/r
	制冷剂	R134a
	冷冻油	RL68H(POE68)
	最大使用制冷量	2500W
控制器参数	工作电压	DC 9~15V
	最大输入电流	500mA

2. 北汽EV160空调暖风系统

北汽EV160空调暖风系统的热源是PTC加热器(见图7-26),并且PTC加热芯与散热器做成一体了。北汽EV160采用两个PTC加热器来调节取暖量。

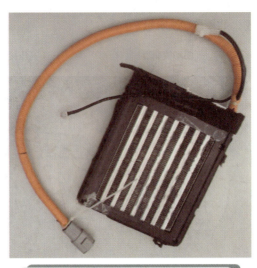

图 7-26 PTC 加热器总成

北汽 EV160 PTC 加热器技术要求如表 7-6 所示。

表 7-6 北汽 EV160 PTC 加热器技术要求

项目	技术要求	试验条件
额定输入电压	随动力电池电压	336V
额定功率	3 500W	环境温度：（25±1）℃ 施加电压：DC（336±1）V 风速：4.5m/s
功率偏差率	−10%~+10%	
冷态最大起始电流	20A	环境温度：（25±1）℃ 施加电压：DC（336±1）V
单级冷态电阻	80~300Ω	在（25±1）℃环境下，放置 30min 后测量

3. 北汽 EV160 空调配气系统

北汽 EV160 空调配气系统包括 3 部分：第一部分为空气进入段，主要由进气风门及其驱动装置组成，用来控制新鲜空气和室内循环空气的比例；第二部分为空气混合段，主要由混合风门及其驱动装置组成，用来调节空气的温度；第三部分为空气分配段，主要由模式风门及其驱动装置组成，用来调节出风方向和出风量，使空气吹向面部、脚部和风窗玻璃。

3.2 北汽 EV160 空调制冷系统维护

1. 检查压缩机有无异响

1）打开左前车门并安装转向盘套、座椅套和脚垫。
2）将点火开关置于 ON 位。

3）按下空调开关。空调控制面板如图 7-27 所示。

4）将冷热风调节旋钮旋至最大制冷量位置，将风量调节旋钮调至最大风量位置。

图 7-27　空调控制面板

A—空调开关按键和风量调节旋钮；B—内循环开关按键和冷热风调节旋钮

5）将其他所有车门打开。

6）举升车辆并穿戴绝缘防护用具。

7）判定压缩机工作声音是否正常。可将听诊器直接放在空调压缩机上听取声音。电机及内部零件运转及摩擦声音属工作声音，正常。

注意：

1）空调压缩机是一个高压设备。在其与电源相连的任何时候接触空调压缩机，操作人员都必须采取必要的安全防护措施。

2）如发现压缩机异常应立即关闭空调系统，防止损坏进一步增大。

2. 压缩机绝缘检测

压缩机绝缘检测的步骤如下。

1）按照正确规范的下电流程对车辆进行下电操作。

2）打开前机舱盖，安装翼子板布、格栅布。

3）拔下高压盒高压附件线束插头。

4）检查绝缘手套绝缘等级及密封性。

5）佩戴绝缘手套，穿绝缘鞋。

6）将兆欧表挡位旋至 500V 挡。

7）用兆欧表检测高压附件线束插头上 C 端子与车身之间的绝缘电阻（C 端子接压缩机电源正极）。

8）用兆欧表检测高压附件线束插头上 H 端子与车身之间的绝缘电阻（H 端子接压缩机电源负极）。

9）安装高压盒高压附件线束插头。

10）取下格栅布、翼子板布，关闭前机舱盖。

注意：压缩机绝缘电阻阻值为 20MΩ。当空调制冷系统有适量的冷冻油与制冷剂时，阻值应大于 5MΩ。

3. 制冷能力检查

制冷能力检查的流程如下。

1）打开车门并安装三件套。
2）将点火开关置于 ON 位。
3）按下空调开关。
4）将冷热风调节旋钮旋至制冷位置。
5）将出风口调至最大位置。
6）检查各出风口有无冷风，并用手背感觉出风口温度。
7）关闭空调。
8）关闭点火开关并拔下钥匙。
9）取下三件套并关闭车门。

注意：

1）如果感觉出风口温度不够低，则通过歧管压力表组检测空调制冷系统压力。如果制冷剂剂量不足，则应建议客户进行维修。

2）当空调高低压侧达到平衡后，高低压侧压力应为 0.6MPa。如果空调制冷系统已经打开并运行了一段时间，则高压侧压力应在 1.3~1.5MPa，低压侧压力应在 0.25~0.3MPa。

3.3 北汽EV160暖风系统保养与维护

暖风效果检查流程如下。

1）打开车门并安装三件套。
2）将点火开关置于 ON 位。
3）按下空调开关。
4）将冷热风调节旋钮旋至暖风位置。
5）将出风口调至最大位置。
6）检查各出风口有无暖风。
7）暖风功能开启后工作几分钟之后，检查吹出的风有无焦煳味，如有焦煳味则建议客户进行维修。
8）关闭空调。
9）关闭点火开关并拔下钥匙。
10）取下三件套并关闭车门。

3.4 更换空调滤芯

空调滤清器的作用是过滤从外界进入车厢内部的空气，使空气的洁净度提高。一般的过滤物质是指空气所包含的杂质，如微小颗粒物、花粉、细菌、工业废气和灰尘等。空调使用一段时间以后，空调滤芯会吸附大量的污染物，如果不及时更换空调滤芯，则其不仅起不到过滤的作用，而且会成为汽车的一大污染源，因此要对空调滤芯进行定期更换。对于北汽EV160空调滤芯，建议每6个月进行一次更换。

更换空调滤芯的流程如下。

1）拆下空调滤芯盖板。空调滤芯盖板位于手套箱下部，如图7-28所示。

图7-28 空调滤芯盖板

2）取出空调滤芯。
3）更换新的空调滤芯。
4）安装空调滤芯。
5）安装空调滤芯盖板。

车辆充电异常故障诊断与排除

车辆充电异常是指电动车正确连接充电枪或充电桩后不能正确对车辆进行充电。车辆充电异常故障现象可以分为3类：车辆不能进入Ready状态、车辆不能正常充电和车辆充电电流小。

4.1 故障分析

导致车辆不能进入 Ready 状态的原因较多,主要为 VCU 故障、电池自身故障等。车辆不能正常充电的原因如图 7-29 所示。

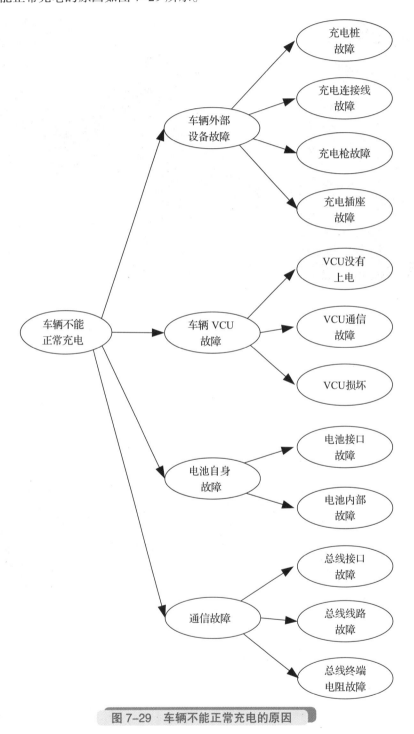

图 7-29 车辆不能正常充电的原因

可以看出车辆不能正常充电的原因主要有 4 个：车辆外部设备故障、车辆 VCU 故障、电池自身故障及通信故障。

1）车辆外部设备故障：车辆充电时需要利用外部设备进行充电。充电的方式有两大类：充电桩充电和家用插座充电。

采用充电桩充电，充电异常则可能是充电桩及线路故障，具体故障点包括充电桩自身故障、充电连接线故障、充电枪故障；采用家用 220V 插座充电，充电异常主要故障点包括充电插座故障、充电连接线故障、充电枪故障等。

2）车辆 VCU 故障：车辆 VCU 发生故障也会使车辆产生充电异常现象。当车辆充电时，无论快充还是慢充，VCU 都需要接收到充电连接信号和充电确认信号，VCU 确认连接好后，通过总线和电池管理系统进行通信，对于快充，还需要快充继电器闭合后才能正常充电。因此，当 VCU 故障时，车辆是不能正常充电的。车辆 VCU 故障主要原因有 VCU 没有上电、VCU 通信故障和 VCU 损坏。

3）电池自身故障：电池是电能的载体，充电的过程就是将电能转化为化学能。当电池自身发生故障时，也会发生充电异常现象。故障的主要原因可能是电池管理系统故障、接口故障、内部传感器故障，或者电池自身的硬件故障等，这时需要对电池进行进一步检查。

4）通信故障：新能源汽车采用总线通信，新能源汽车 CAN 总线发生故障会导致充电功能不能开启，因此车辆不能正常充电。

4.2 故障诊断流程

当车辆发生充电异常故障时，一般需要遵循由简单到复杂的诊断流程。一定要注意：排除故障时，首先判断车辆是否有绝缘故障，确认没有绝缘故障后再进行下列检查，下列流程是在车辆没有绝缘故障的基础上进行的。

当故障发生时，要判断故障是在车外还是在车辆自身。因此首先检查外部充电设备是否正常，如果外部设备正常，则检查车辆自身故障。

当采用家用 220V 插座进行充电时，具体诊断流程如图 7-30 所示。

可以看出，当车辆充电异常时，首先进行车外检查，首先检查插座是否正常供电，可用 220V 的交流试灯（修车灯）等进行测试，如果试灯正常点亮，则说明供电正常，否则更换电源。

如果供电正常，则需要检查插座接地是否正常，可用万用表测量接地情况。若接地不良，则需更换插座后重新进行测试。

排除插座故障后，需要检查交流充电枪是否发生故障。

交流充电枪接口如图 7-31 所示。接口端子说明如下。

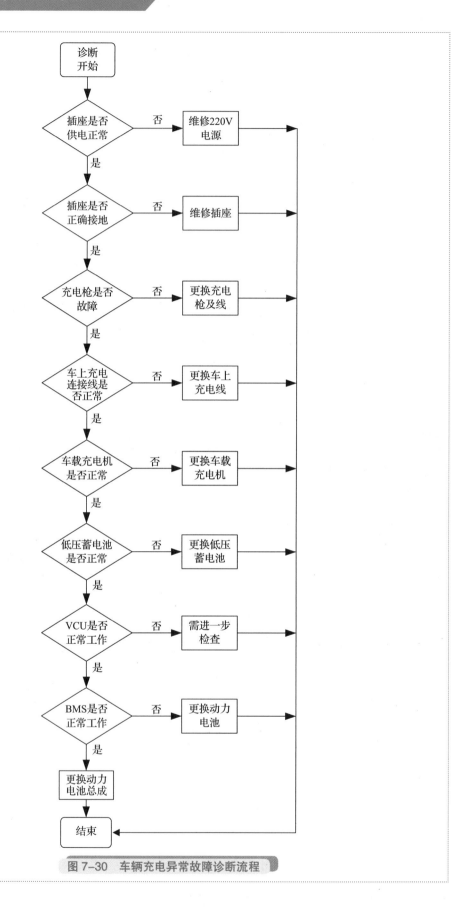

图 7-30 车辆充电异常故障诊断流程

第四节 车辆充电异常故障诊断与排除

图 7-31 交流充电枪接口

接口中，1 号端子为 CC 端子，即连接确认信号端子。当充电枪正常连接 220V 插座后，该端子电压为 12V；按下充电枪上的蓝色按钮，该电子电压应为 0V；当充电枪和车上充电接口连接后，该端子电压降到 2V 以下。

2 号端子为充电控制确认信号端子。当充电枪连接 22V 插座后，该端子电压应低于 2V，充电枪和车上充电接口连接后，该端子电压上升到 8V 以上。

3 号端子为相线端子，5 号端子为中性线端子。充电枪和车上充电接口连接前，两端子之间无电压；当正常连接后，两端子之间电压为 220V。

4 号端子为接地端子，该端子电压一直为 0V。

通过检查以上端子情况，可以判断充电枪是否正常工作。如果充电枪有故障，则需要进行更换。

检查充电枪无故障，则需要检查连接车载充电机的线束和车载充电机是否正常。充电连接线可以采用测通断的方式来检查。

正常情况下，车载充电机的 power 灯和 run 灯应正常点亮，且为绿色，否则，更换车载充电机。

如果检查车载充电机后仍不能正常充电，则检查是否是低压蓄电池亏电导致车上低压控制不能实现。

以上检查完成后，仍不能进行充电，则可怀疑是否 VCU 故障。VCU 故障检查较为复杂，需要进行专业检查。

确定非 VCU 故障后，故障仍不能排除，则可怀疑电池管理系统故障或电池内部故障，此类故障需进行专业检查。

4.3 案例诊断

1. 应用案例

一辆北汽 EV160 纯电动汽车，充电时连接充电枪，插枪后仪表显示充电界面，提醒请连接充电枪,无充电连接符号,无充电电流,无法正常充电。经检查,充电枪内部电阻损坏,修复后故障消失,正常充电。

2. 诊断流程

1)根据客户描述的故障现象检查组合仪表的故障提示信息,发现组合仪表显示充电界面、续航里程、动力电池电压,充电电流为1A,慢充,提示请连接充电枪,不显示充电连接符号。

2)检查充电连接插座是否正常供电,经检查,供电电压正常,为220V。

3)检查充电连接插座是否正常接地,经检查,接地正常。

4)检查充电枪CC电子是否故障:拔下交流充电线、交流充电枪,用万用表测量CC端子电压,电压为12V,正常。

将诊断引线插入交流充电接口CC端子,插上交流充电枪,用万用表测量CP端子电压。电压为13.9V,说明该端子没有正常连接。

5)拔下交流充电枪,拔下慢充连接线、交流插头,测量交流充电枪CC端子与E端子之间的电阻,测量值为无穷大(正常阻值应为677Ω),因此判断交流充电枪内部出现电路故障。

6)更换新的充电枪后,充电界面显示充电连接符号,慢充正常。至此,故障排除。

动力电池异常断开故障诊断与排除

动力电池异常断开情况分为两种:一种是动力电池自身、高压电路等发生故障,导致电能不能从动力电池输出给用电设备(包括驱动电机及高压附件等);另一种是绝缘故障、动力电池管理系统故障、VCU故障或总线故障等导致的VCU不能正确获取电池状态,认为电池处于某种不正常情况下的断开状态。

5.1 故障点分析

动力电池异常断开的故障点分析如图7-32所示。

第五节　动力电池异常断开故障诊断与排除

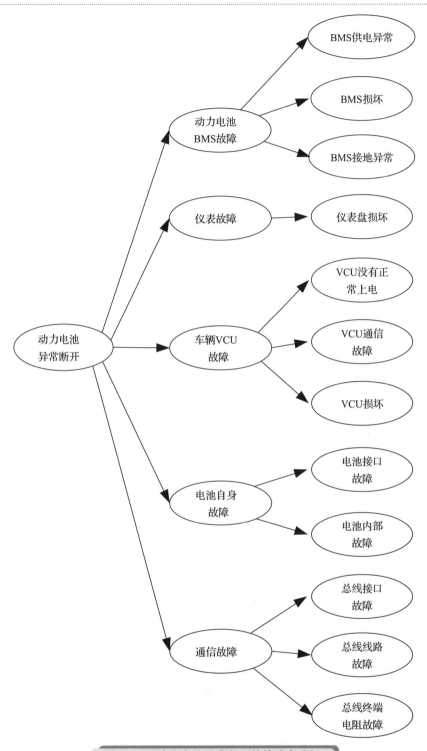

图 7-32　动力电池异常断开的故障点分析

动力电池异常断开的故障点与电池状态显示异常情况的故障点是类似的，但是故障现象较为严重，这种情况下一般需要深入地对故障进行分析和诊断。

当动力电池 BMS 故障时，VCU 不能正确获取动力电池的信息，VCU 会认为动力电池已经发生故障，从而仪表上显示动力电池异常断开。动力电池状态显示异常时，一般情况下，VCU 和 BMS 会有部分的通信，但是当通信全部中断时，VCU 就会报出动力电池异常断开故障。如果采用故障诊断仪进行诊断，会发现能够正常进入车辆 VCU 读取各类信息，但是不能进入 BMS 读取电池信息。

当仪表发生故障时，仪表不能正确接收 VCU 的信息，仪表只是按照初始设置，报出故障码，此时也会显示动力电池异常断开。但在该情况下，动力电池、VCU 及总线都是正常状态，因此这类故障需要谨慎判断。对于这类故障，如果采用故障诊断仪进行诊断，会发现能够正常进入 VCU 和 BMS，各项指标都正常，但是仪表依然显示错误。

车辆 VCU 发生故障时，VCU 能够接收 BMS 信息，但是不能做出正确的处理，而且不能向仪表板传递正确的信息，仪表板接收不到信息，也会按照自身的初设设置显示故障码。在这种情况下，采用故障诊断仪进行诊断会发现不能进入整车的 VCU，不能读取任何车辆信息。

当电池自身发生故障（特别是动力电池内部断路等）时，采用故障诊断仪进行诊断会发现能够进入 VCU 读取整车信息，能够进入 BMS 读取部分信息，但是有些指标不正常，如动力电池电压、电流等参数。

车辆的通信故障一般指 CAN 总线故障。在电动汽车上一般采用 4 类总线：电池内部 CAN 总线、新能源 CAN 总线、快充分总线和传统 CAN 总线。当电池内部 CAN 总线出现故障时，电池的信息是不能正确传递到 VCU 的，此时进一步检查才能确定是不是发生了该类故障；新能源 CAN 总线连接了动力电池 BMS、VCU 及其他部件。新能源 CAN 总线出现故障时，动力电池的信息是不能传递到 VCU 等部件的，此时仪表肯定会报动力电池异常断开的故障；传统 CAN 总线连接了 VCU 和仪表，当传统 CAN 总线出现故障时，仪表也不能正常显示，可能会报出动力电池异常断开故障。针对通信故障，一般可用故障诊断仪进行诊断。

5.2 故障诊断流程

当车辆发生电池异常断开故障时，一般遵循以下步骤进行排除。

1）判断是否发生了绝缘故障。因为发生绝缘故障后，车辆很容易出现危险情况，因此需要检查仪表板绝缘故障指示灯是否点亮。

2）检查仪表是否能够显示。如果仪表板能够显示，说明 VCU 没有发生故障，且和仪表之间通信正常。

3）如果没有发现故障，则可以采用故障诊断仪进行诊断。

具体故障诊断流程如图 7-33 所示。

第五节 动力电池异常断开故障诊断与排除

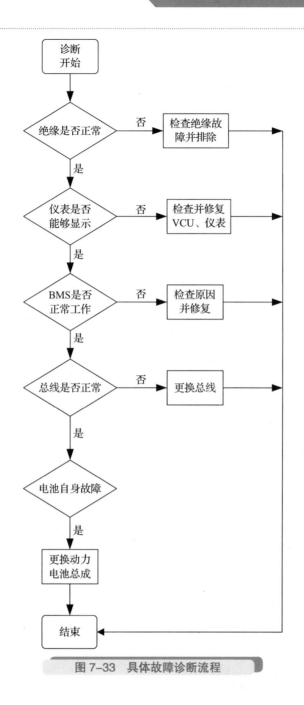

图 7-33 具体故障诊断流程

5.3 案例诊断

1. 应用案例

一辆北汽 EV160 纯电动汽车，当点火开关置于 ON 位时，屏幕顶部显示请尽快进行充电，剩余电量为 0%，不显示续航里程，动力电池断开故障灯点亮，系统二级故障灯点亮，充电提醒指示灯点亮，换挡开关置于D位，仪表盘能量回收关闭指示灯点亮，车辆无法行驶，中控台显示微度故障。经检查，新能源CAN总线通信故障，更换CAN总线后故障消失，车辆能够正常行驶。

2. 诊断流程

1）根据客户描述的故障现象检查组合仪表的故障提示信息，将点火开关置于ON位时，屏幕顶部显示请尽快进行充电，剩余电量为0%，不显示续航里程，动力电池断开故障灯点亮，系统故障灯点亮，充电提醒指示灯点亮，换挡开关置于D位，仪表盘能量回收关闭指示灯点亮，车辆无法行驶。中控台显示微度故障。

2）关闭点火开关，将专用诊断仪与车辆诊断座相连。

3）打开点火开关，利用故障诊断软件进行快速测试。测试结果显示，不能进入动力电池系统。

4）查阅北汽EV160纯电动汽车电路图，初步判定为BMS或相关线路存在故障。疑似故障原因有BMS供电异常、新能源CAN总线通信故障或BMS故障。

5）检查BMS供电，按照操作过程进行下电操作。

6）检查动力电池低压线束插头，动力电池低压线束插头的B端子和G端子分别为BMS供电正极和负极；观察低压线束插头的B端子，无退针现象；观察低压线束插头的G端子，无退针现象；观察低压线束插座的B端子，无退针现象；观察低压线束插座的G端子，无退针现象。

7）连接蓄电池负极，利用万用表测量B端子电压，为蓄电池电压。

8）利用万用表测量G端子与搭铁导通，电阻值为1Ω左右，搭铁正常，判定BMS供电正常。

9）检查新能源CAN总线通信故障：拆下蓄电池负极，拔下整车控制器插头B，104端子连接新能源CAN-L线束，将探针及延长线插入整车控制器插头B上的104端子，测量整车控制器VCU/104端子和动力电池低压线束R端子间电阻，电阻值为1Ω左右。阻值正常，即新能源CAN-L线路正常。

10）111端子连接新能源CAN-H线束，将探针及延长线插入整车控制器插头B上的111端子，测量整车控制器VCU/111端子和动力电池低压线束P端子间电阻，电阻值为无穷大，说明新能源CAN-H线路断路。

11）更换线束，故障排除。

12）按规范流程进行上电操作。